美食中的流量密码

如何把**爱好**变成**事业**

芊小桌儿 / 著

中国铁道出版社有限公司
CHINA RAILWAY PUBLISHING HOUSE CO., LTD.

图书在版编目（CIP）数据

美食中的流量密码：如何把爱好变成事业 / 芊小桌儿
著 . —北京：中国铁道出版社有限公司，2023.6
ISBN 978-7-113-30019-7

Ⅰ.①美… Ⅱ.①芊… Ⅲ.①网络营销 Ⅳ.① F713.365.2

中国国家版本馆 CIP 数据核字（2023）第 041974 号

书　　名：**美食中的流量密码——如何把爱好变成事业**
　　　　　MEISHI ZHONG DE LIULIANG MIMA：RUHE BA AIHAO BIANCHENG SHIYE

作　　者：芊小桌儿

策　　划：叶凯娜
责任编辑：孟智纯　　　　　　　编辑部电话：（010）51873064
装帧设计：闻江文化
责任校对：苗　丹
责任印制：赵星辰

出版发行：中国铁道出版社有限公司（100054，北京市西城区右安门西街 8 号）
印　　刷：三河市兴达印务有限公司
版　　次：2023 年 6 月第 1 版　　2023 年 6 月第 1 次印刷
开　　本：880 mm×1 230 mm 1/32　印张：7.75　字数：160 千
书　　号：ISBN 978-7-113-30019-7
定　　价：69.00 元

版权所有　侵权必究

凡购买铁道版图书，如有印制质量问题，请与本社读者服务部联系调换。电话：（010）51873174
打击盗版举报电话：（010）63549661

前言

这是一本筹备了三年的书。

说这三年全是为这本书筹备，也不完全准确，因为三年前有出版社来约稿的时候，定下的方向是创意菜谱类，彼时正是我个人IP打造初见雏形的阶段，我本应乘胜追击，马上推进，但那时候的我却犹豫了。

因为深知我能建立起个人IP的核心因素并不完全是缘于我对美食的热爱，而是多年的写作积累、运营技巧的磨练、对自媒体趋势的判断和运气的结合，所以我觉得单纯去写美食意义不大，况且市面上、互联网上美食相关的书籍、资料应有尽有，不缺我这一本。

我的初衷是出一本关于自媒体运营的书，但是当时的我对自己非常不自信，因为我不确定这初步的成功到底是实力造就，还是运气占了大部分因素。

于是出于从选题到能力的犹豫，在2~3年内我都没有走出这一步，直到2022年。

2022年的春节前，我在做年终总结的时候，发现"芊小桌儿"这个IP已经建立3年了。在这个过程中，我不仅在主阵地知乎，还在公众号、微博等平台积累了大批"粉丝"，尤其当我跳出美食领域，去尝试别的领域时，也能深刻地体会到之前的积累能让我事半功倍，比其他人跑得更快。甚至在我尝试从图文转战视频的过程中，也发现有很多内容和运营层面的规律是共通的。

这几年，我在没有任何团队帮助的情况下，靠一个人默不作声地写作、拍摄，已经在各平台实现收入超500万元，成绩虽还不足以惊人，但已经让我有了给大家做分享的底气。最重要的是，这样的成绩让我越来越确信自己当初的选择是正确的，这一路走来的成长，就是我最宝贵的财富。

而这正是我觉得可以整理出来分享给大家的、有价值的财富。

一路走来，我的工作形式、思维方式和心态发生了非常明显的变化，对这些变化进行如实描述和总结、反思，可以帮助每一个热爱分享、想要从事自媒体行业的人看清楚这份"职业"的特殊性，也能让还没有开始的人更为理性地去评估自己的能力，还可以让已经开始探索的人少走些弯路。

在这本书里，我尽量缩减了个人化的"自传"比例，更多地把我的经验和教训提炼出来，变成实用的干货，力争让这些干货打破时间和领域的限制，成为足够通用和高效的技巧。

退一万步讲，哪怕这本书只是给你提供一点点陪伴感，都可以让你减少一些在探索未知领域时的孤独感。

前言

不知道将来这会不会是一本畅销书，但我十分确定，这是我用心去对待的一本书。我的用心，体现在用了将近一年的时间，重新梳理、总结、提炼在做自媒体过程中的所有经验和教训。这本书里的所有干货内容，之前从未分享过，这就是我献给大家的十足诚意。

曾跟朋友说过，我的使命就是当这本书面市的时候，不会有任何一个买了书的人觉得我在敷衍读者。

感谢在这本书诞生的过程中，中国铁道出版社有限公司的叶老师和孟老师给予的选题、插图和内容建议，这大大缓解了我因为对陌生领域缺乏经验而产生的强烈不安感。还要感谢在撰写本书的过程中，老公张建刚默默承受着我因为焦虑和压力而不时爆发的小脾气，给我提供了舒适的创作环境和稳定的情绪支持。最后也得小小提一下我的朋友，推动我出书的陈大可、椰子女士和给我特别力量的荣耀弟弟，她们以各自的方式给予我鼓励，让我坚持完成了本书的撰写。

那么，很高兴"芊小桌儿"能以出版物的形式与大家见面，希望每个人都能在这本书里找到自己想要的答案。

目录

第一章 炖鸡汤·爱会帮你做对选择 … 001

一、爱是最原始的驱动：人生第一次摸生肉 … 002

二、选材、去腥和调味：烹饪逻辑就是表达逻辑 … 008

三、在"炖汤"的时候思考 … 013

四、坚持的收获：你总会拥有至少一批读者 … 018

五、枯燥但很有必要：我的"网感"速成班 … 023

第二章 大盘鸡·认真的每一天都不会被浪费 … 031

一、超级记忆点：小门店的大盘鸡一吃就是很多年 … 032

二、正视本职工作，能力是越用越锋利的剑 … 037

三、离职前一天，老板想要升我职 … 046

四、创业心得：原来我不是干一行爱一行 … 051

五、离开新疆，带得走和带不走的味道 … 056

第三章 土豆泥·那一刻来临你会被"通知" ⋯ 063

一、当兴趣变职业！美食平台运营成长记 ⋯ 064

二、餐桌上的四季变换积累出的数据库 ⋯ 069

三、凑指标凑出的人生初 IP ⋯ 074

四、速度与激情：被关注的初体验 ⋯ 079

五、聪明的海绵：陌生人的善意与恶语 ⋯ 085

六、不忘初心是个技术活儿 ⋯ 090

第四章 虎皮凤爪·矛盾的巅峰是新生 ⋯ 097

一、隔行如隔山：想要平缓过渡，却差点儿迷路 ⋯ 098

二、做个逃兵，逃避虽可耻但有用 ⋯ 104

三、All in！最重要的决定！ ⋯ 108

四、爆发！迟到了很多年的胜负欲！ ⋯ 113

五、从餐桌到小桌儿，是表达的日益开阔 ⋯ 119

第五章 脆五花·越"拒绝"越升值 ⋯ 125

一、拒绝速成，让风味好好沉淀 ⋯ 126

二、解腻梅子酱：不断加码会崩塌 ⋯ 131

三、看得见的诱惑和看不见的损失 ⋯ 136

四、抱歉，创作没有铁饭碗 ⋯ 143

五、脆皮成型记：呈现最好的光鲜 ⋯ 148

目录

第六章 白馒头·万物自有生长周期 … 155

一、发面规律：成功从不是玄学 … 156

二、忽然被撩？魅力展现也有技巧 … 162

三、选对平台，让爆发更有力量 … 168

四、变身，你做好准备了吗 … 175

五、初次合作后，如何不成为"次抛"型创作者 … 181

第七章 广式煲汤·创作和生活 … 189

一、料水比：一场利己与利他的博弈 … 190

二、清汤白汤：创作的火候掌握 … 195

三、平衡感来自打破与重构 … 202

四、好饭不怕晚，但怕等 … 207

五、没有人可以一直处在巅峰 … 212

第八章 那些厨房教给我的事儿 … 219

一、公式法做菜：你想不到的流程管理术 … 220

二、餐单设计：口味搭配教给我的平衡之道 … 225

三、美拉德反应：那些不会过时的好用法则 … 231

第一章 炖鸡汤·爱会帮你做对选择

一 爱是最原始的驱动：人生第一次摸生肉

很多新手接触自媒体，问的第一个问题就是："桌儿，你是怎么想到要做美食的呢？"

这个问题往往会一下子把我拉回到很多年前的初夏，人生中第一次接触生肉的那天。

01 人生被一锅鸡汤定了调

那是乌鲁木齐一个极为普通的菜市场，整日散发着牛羊肉和家禽复杂又极具辨识度的味道，我站在一个卖活鸡的摊位前，战战兢兢地买一只鸡。

选好鸡，店家麻利地把鸡脖子一抹，放干净血，丢到一个烧热水的机器里氽烫，然后机器滚起来，咕嘟嘟几圈就吐出来一只褪好毛的整鸡。店家开膛破肚，整鸡快速就被剁成了块儿。

全程我都不敢直视，因为在那之前，我从未摸过生肉，更别说看现场宰杀。

怎么选鸡、什么火候、怎么去腥、如何增香，关于炖鸡的一切我都一无所知，但当时我刚租房，沉迷于掌控自己的生活，比起填饱肚子的外卖和下饭馆，一碗再简单不过的鸡汤，成了我能独立生活的象征。

于是，我克服了重重心理障碍，摆弄着温度尚存的鸡块，开始了人生中第一次处理生肉的操作。

第一次、第二次……炖鸡汤成了我人生中会做的第一道"带肉的菜"。后来的后来，我换了很多次房子，身边的人和居住的城市都换了，鸡汤却炖得越来越香浓。

没错，除了岁月，厨艺也可以慢慢沉淀。

再后来，炖个鸡汤算什么呢，我又慢慢掌握了煎炒烹炸，从一次次失败中积累出好多美味的经验：在一次次炸东西把自己烫成金钱豹的经历后慢慢知道怎么控制油温；在一次次煎鱼粘掉半个鱼身子后知道了煎鱼不破皮的小技巧；蒸馒头蒸成月球表面数次后闭眼也能做出雪白暄软的面点阵容；炖肉炖成风干肉后渐渐知道怎么把肉做得时而软烂时而Q弹……

每一次失败和进步，我都迫不及待地记录下来，变成文字和图片，同我认识和不认识的人分享，而分享的反馈，又促使我再一次走进厨房，去挑战下一个第一次。

后来我才意识到，支撑我第一次走进厨房、克服烹饪难题的力量，也许是一种执念，但让我一次次开始烹饪的力量，是"想要把东西做得更好吃"和"热爱分享"的原始驱动。

02 误入培训班，震撼了三观

新手最爱问我的第二个问题往往是："那你看我做什么能做成呢？"

一般我都不会回答这个问题，因为我的案例太个体化了，我觉得一个人的经历和沉淀也是很个体化的东西，通过简单的三言两语为别人确定内容输出的方向，是很荒谬的。

我认为荒谬的事儿，市面上不少所谓的自媒体培训班却一直在做，他们会告诉你现在什么领域最热、哪种表达方式最吸睛、你要复刻的账号有哪些，然后鼓励你以最容易学习到的办法快速上手获得流量。

我出于好奇参加过这样的培训班，进去的时候里面已经有一些老学员了。印象很深的一节课，是看到培训老师们在教做美食的博主，怎么找无水印图片，规避侵权风险。我很纳闷："自己做、自己拍就好了呀！"

学员们一致问我："哪有那么多时间呀，也未必有这个精力和水平，难道你文章里的图片都是你自己拍的吗？"

我说："是的，全部都是啊，图文全部原创。"

他们啧啧称赞，表示佩服。

那真是刷新我三观的一次对话，我一直以为图文原创是内容创作者的基本要求，怎么到这里就变成稀缺资源了？

我后来跟几个学员私聊才知道，当时美食领域是一个门槛相对低且各平台都比较欢迎的赛道，所以很多人选择从这个角度入手起号，他们本人对烹饪和美食并无特别的兴趣，甚至，他们也不喜欢写作和表达，表达能力自然也是不过关的。

他们只想短期内看到粉丝和流量，所以培训班教他们"创作"

给审核机器看的内容，教他们卡关键词、立文章结构、起标题，把所有能在审核机器那里拿高分的技巧全都罗列出来，至于你内容表达了个啥，不重要。

我不能说这种速成的方式是完全不可取的，甚至在很多埋头做内容的人那里，这类技巧反而是运营的基本思路，但是只关注机器的筛选，不去提高内容本身，是很不长远的做法。简单想想，这些课程教给你的东西，随着平台算法更新和推送效果的衰退，大约不到半年就会过时，但你是否能在半年时间内获得足够的关注，用你的真实内容笼络住一批忠实粉丝呢？

也许你是能力过人的佼佼者，还真做到了。

但如果你不是呢？

你学的一切东西都积累不下来，无法成为你的财富。

我很清楚，能让我一直坚持走到现在的力量，纵然有运气、正反馈加成，有职业生涯的赋能，但更重要的，是热爱。

因为热爱，我才能不厌其烦地琢磨一道菜怎么改良才能好吃；

因为热爱，我才会迫不及待地与人分享成功的烹饪秘诀；

因为热爱，我才耐得住性子复盘一次又一次的失败；

因为热爱，我才会在这个领域坚持输出多年而毫不腻烦。

热爱是让你的内容产生价值的法宝。

别人可以告诉你从哪里开始更容易，但是我想告诉你，怎样才能走得更远。

03 冠军可不是在起跑时诞生的

当然，也有人问："我热爱的事情很多，我该如何选择？"
我这里有几个标准，你可以自己衡量一下：

> 有什么爱好没有给你带来收入，甚至是需要花钱的，但你依然维持了 3 年以上？
> 有什么领域你做得比别人更专业或者更有个人风格？
> 什么领域的决策你周围的人喜欢听取你的意见？
> 什么事情是你看到相关信息就会不由自主去关注的？
> 有什么爱好哪怕无人交流，你也会从中获得快乐？

看到这里，如果你已经有答案了，并且答案仍然不止一个的话，接着思考：

> 这件事情是否适合用文字或视频展示？
> 你是否具备展示这件事情的能力，比如及格线以上的写作能力或拍摄剪辑技巧？
> 你展示的内容可以跟其他人展示的内容有风格上的区别吗？
> 如果仅仅是为了给自己看，你愿意持续创作相关内容吗？
> 这种"自娱自乐"式创作内容的阶段你能维持多久？

以上问题，第一部分，是让你确定自己在哪个领域有足够的沉淀，能够形成有价值的内容；第二部分，是看你的表达能力和心态是否足够支撑你度过第一阶段的冷启动。

这两部分的问题思考清楚了，基本就能确定你的大概方向了。当然，也许你会说："我觉得我在人群中平平无奇，任何领域我都没有做得比别人好。"

但是放心，你以为只有娱乐圈才有"养成系"？

读者也很希望观察一个陌生人的成长过程，从中获得快乐或者力量，所以你大可不必是一个成熟的专业人士，有时候失败和挫折会让读者产生深刻的共鸣。

就像我虽然热爱美食和烹饪，但我开始学做菜的年龄比很多专业人士晚太多太多，也没有受过什么专业训练，刚开始连什么部位的肉做什么菜好吃都搞不清，但我就是蛮莽撞地一直在输出，粉丝也乐于跟我探讨一些做法，甚至直接长篇留言传授我技巧。我有很多粉丝说，他们从大学开始看我，看到自己结婚甚至生孩子，看到了我一步步的成长，自己也变成了我的老粉。

退一万步说，哪怕你一无所长，只是喜欢表达，你也一定拥有比别人更敏锐的感知能力，这种能力跟任何事物的结合，都可以产生奇妙的化学反应，去感染人，所以一定要选择自己热爱的领域。是的，你有无数种方式可以开启你的自媒体生涯，但唯有热爱可以决定你在这个领域能走多远。

只有走得足够远，你才会拥有更多的可能。

二 选材、去腥和调味：烹饪逻辑就是表达逻辑

记忆中我第一次炖鸡是通过朋友口述远程教我操作的。

朋友说得很简单："鸡肉焯水、换水，或者不换水直接加大半锅水、葱段和姜片，烧开后转小火煮，最后放盐就好了。"

然后他还特别强调："焯水的浮沫你可以撇掉，也可以不管，反正最后都会化掉。"

按照他的方法，我做过几次，但渐渐地，我觉得他教我的并不是最优解：

> 换水和不换水，看上去差别不大，但不换水的成品，汤味会较浊；
>
> 即使主要为了喝汤，加水也需要有节制，太多的水会影响汤的鲜美度；
>
> 最后加盐只能给汤底味道，鸡肉必然会寡淡；
>
> 如果想让鸡肉有滋味，汤底必然会过咸；
>
> 尤其最后：浮沫是鸡肉和鸡骨里的血水，确实会融化在汤里，但也会留下腥味。

所以经过多次尝试，我做出了调整：

> 鸡肉焯水后用温水冲干净，换清水重新炖；
>
> 重新炖时姜片、葱段也要换成新的；
>
> 水和肉的比例为 2：1；
>
> 煮到水位线不怎么下降的时候加盐，保证汤底有味道；
>
> 另外调制蘸汁，用于吃鸡肉时蘸食。

这样做出来的鸡汤，味道基本可以秒杀外面绝大多数的馆子。

你看，相同的食材和调味品，想要呈现出什么味道，是完全可以通过步骤调整和调味取舍来决定的。

表达亦是如此，同样的事情，从不同的角度切入，就会有不同的呈现方式，而不同的呈现方式，就决定了你会吸引什么样的人。

01 你写的每个字都在为自己选读者

前面我们说了，找到你觉得自己可以坚持的方向去输出，那么这里，要稍微讲一下输出技巧。

我们对外表达，如果希望能引起他人的共鸣，被别人记住，就需要避免过于个人化和常见的表达，更多地关注与他人的联结。

更进一步说，你的表达甚至可以提前为你圈定读者。

举个例子，同样是写美食：

> 如果只是将美食作为引子，目的是带出其他问题（比如我正在写的这种方式），那么吸引的一定不是来学做菜的；

美食中的流量密码——如何把爱好变成事业

> 如果将美食中的所有细节都讲得无比详细，吸引来的一定是热爱烹饪并有钻研精神的人，这类人可能年纪较大且有阅读长文的习惯；
>
> 如果将烹饪的所有过程都描述成化学和物理反应，那恐怕吸引来的学术派会多一些；
>
> 如果将美食作为恋爱中的工具进行描写，吸引来的恐怕是喜欢追恋爱文或者处在同样恋爱阶段的读者；
>
> 如果只是对烹饪过程进行简单描述，塞进去大量诙谐、脑洞大开的描写，吸引来的就是互联网程度较高的读者，他们年纪普遍偏轻。

很有趣，我做过这样的尝试。在写作初期，我写美食是非常"二次元"的，整个行文透着一股"我写爽了就行"的混不吝的风格，对美食的描述非但不严谨，而且充满了"差不多就得了"的替代方案。

在此真的要感谢前几年互联网环境的宽容，能容得下我这种小小厨艺新人的胡说八道。如果放到现在这种竞争激烈、要求严格的环境下，我未必能坚持下来。但也正是因为当时网上对各类内容的渴求，我快速积累了一批做饭不咋样、但特别爱看乐子的读者，其中学生比例极其高，这造成了我跟其他美食作者的最大差别。

但同时也有很多专业人士前来谴责我，比如专业的厨师、饕客、食评家等，他们觉得我写的东西哗众取宠，看着有趣，但没有可操作性。

"你写的菜谱废话太多，有用的烹饪知识很少。"这就是他们对我的批评。

为此我也苦恼过一段时间，心想要不要尽量往正经的菜谱上去靠，但我也很清楚，未来我并不想成为一个专业厨师或者食评家，写作只是我热爱的一种表达方式，而美食才是我诸多热爱中最能坚持的一项。

在这个大背景下，如果我只是将烹饪过程尽可能严谨地罗列出来，别人可能会学会，也找不出漏洞，但很可能不会记住我，因为此刻我就是个工具人，大家看不到烹饪背后藏着的我，更不可能跟我产生情感共鸣。

而未来，我想被记住的不是一道道菜谱，而是"芊小桌儿"这个人。

想明白这点后，我直接把当时几万人关注的专栏"餐桌奇谈"改名成了我的同名ID"芊小桌儿"，当时的想法很简单，就是觉得那个不像自己，像个冷冰冰的菜谱教程，我想有更多面呈现在读者面前。当然后来歪打正着，正好迎合了后面两年各平台扶持"真人博主"的趋势，这就是后话了。

我想说的是，你的表达方式，直接决定了你吸引的受众。这里面有很强的逻辑性。所以，表达的时候切忌流水账，你的表达方向一定要跟你想吸引的人绑定，有的放矢，要有很明确的取舍标准。

02 用头脑写作，而不是情绪

再举一个例子，我有一个姐妹，有很强的表达欲，当时她谈了一段非常不靠谱的恋爱，痛不欲生，且过程反复无常，常常跟我哭诉到半夜。我跟她说，不然你开个公众号吧，把这些故事都写下来。

我提这个建议，一来是因为当时确实是公众号的红利期，当时入局的人很容易就能做起来；二来我那个姐妹确实有一定的文字功底，也苦于无处排解。我觉得一举两得，万一就火了呢。

她照做了。

一个半个月后，我去看她的公众号，5分钟后我就知道：完蛋了，这个号肯定不会做起来。

因为她所有的表达都无意中将读者范畴圈定在了她当时的男朋友一个人身上，所有文字都像跟他说的悄悄话，过于个体化了。

她会记录当天发生的小事，感触写了、细节有了，但是，没有故事背景和发展！

比如说，她写跟男友异地的时候，男友总不及时回复她的微信，从而产生矛盾，她描述的心理活动很细腻、很形象，这需要很扎实的文字功底。

但是读者不认识他们，并不知道为什么这个男生总不回复，不知道之前发生了什么。而她的记录素材来源于每一天的生活，普通人的一天哪有那么多跌宕起伏呢，大都平淡、琐碎、重复且没有高潮。所以，读者也看不出一次次的矛盾之后，这份感情的走向。

这就是典型的"只用情绪写作"。

也能理解，恋爱中的人呐，眼里只有对方，掏心掏肺地希望对方明白自己的所有心意，看透自己的所有委屈。

但这样的文字即使真情实感、妙笔生花，也都是过于小我的表达，很难让人产生共鸣，就更别提关注和追更了。

好的表达，要么你替读者说出了他们无法表达出来的意思，要么你让读者窥见了不一样的人生，要么你让他们爱上内容里的人或事儿，这样才能让他们"上瘾"。不然只靠饱满的情绪催着走，就会像是阅读一篇形容词堆砌的文章，初读华丽，但看完什么都记不住，再读又会很累。

果然，没过多久，姐妹就放弃更新了。当然，以她的文笔，等找到更聪明的表达方式和更值得记录和表达的事情时，也还是有可能做得更好的。

三 在"炖汤"的时候思考

前面我说到，在炖人生第一锅鸡汤之前，我几乎没有亲手触碰过生肉。

那时我 21 岁，刚刚毕业，解决三餐的方式基本还仅限于父母烹饪、外面就餐、大学食堂或外卖，做饭对我而言是件完全未知的事件。

如何把生肉变熟、变好吃是这个未知事件中最让我恐惧的存在。

我爸妈是山东人，面食非常拿手，但炒菜手法比较单一，尤其是对肉类的处理，无非就是卤了、酱了、切切片跟青菜炒一炒，或者做成包子饺子馅。加上那时候家里出现最多的就是猪肉，牛、羊、鸡肉都不算常见，而我小时候又几乎不吃猪肉，几乎到了闻到味儿就想跑的地步。家里每次炼猪油我妈都要提前通知我，我总是在外面一直玩到炼油结束、味道散去之后再回家。

因此在我的印象里，生肉黏腻、腥臭，会流淌骇人的血水，还会有暗黄色的脂肪隐藏在支离破碎的肉皮下，所以我对烹饪肉类这件事充满抵触。

抵触程度大到我自己租房子住的长达大半年的时间内，虽然我偶尔会下厨，但一桌子菜里的肉菜，一定是买来现成的。

那时候有人问我会不会做饭，我也回答得很为难：会吧，不怎么会做肉菜；不会吧，素菜也能凑出一桌子来。

但是真的开始做肉菜之后，我发现，真正的恐惧会在你鼓起勇气去做的那一瞬间就散掉一半，而真正经历过三次之后，恐惧会完全消失。

01 克服恐惧的法宝就是"现在立刻去做"

"越怕什么就越要去做什么"让我渐渐明白：

> 新鲜宰割的肉，几乎是没有臭味、腥味等令人却步的味道的；
>
> 血水不会像我想象的那样流个不停，稍微清洗就会干净利索；
>
> 只要不是很肥的部位，手上沾着的油脂用温水加洗洁精，一遍就可去除，不会挥之不去；
>
> 在给鸡肉焯水的时候，我发现，原来简简单单过一下水，肉块就会变成不那么扎眼的粉色，生肉的气味就会散去，甚至什么调味品都不放，就已经能闻到淡淡的肉香了。

这一切亲手操作带来的体验，逐一击破了我想象中的困难，给了我意想之外的答案，当然也带来了更高层次的困难，比如什么菜品选择什么部位的肉，如何让有的肉滑嫩有的肉 Q 弹，如何给肉赋予不同的底味儿。但这都是在走出第一步后思考的问题，解决方案也来自一次次实践。

我们都知道，炖汤经常要炖很久，有的熟手会把食材、调味品等配好就让它自己咕嘟嘟炖去了。

但新手最好别离开锅，至少要保证有 1~2 次完整的观察炖汤的全过程，因为在仔细观察的时候，你会及时发现哪里出了问题，也好及时去调整补救。就算是来不及补救的失误，下一次烹饪时也能抓得住重点去改善。

这一切，你不去做是不会知道的。

02 "去做"比"去做什么"重要得多

我有个朋友,在我开始做自己的 IP 后,约我吃过很多很多次饭,询问我很多问题,比如,怎么开始做自媒体的?在哪个平台做比较好?自己适合什么风格?

前几次我都耐心回答了,也帮他分析了很多。

后来再约饭,问题变得更为具体,而且他开始有反推的思路了,问的是:"如果我想靠自媒体实现收入两倍于现在的上班收入,我该怎么做?"

我觉得问题也不大,从结果反推过程,更有的放矢。他也做了市场分析,跟我分享了他觉得值得做的领域,有基础的竞品调研,并表示自己有这个能力。

再约饭,我刚好没有空,怕耽误他,建议可以线上先讨论下。

他发来问题:"我打算真人出镜拍视频,某某型号和某某型号的相机哪个更合适?"

我终于忍不住了,问他:"你现在做到哪一步了?你的内容发来我看看。"

他说:"我还没开始。"

要知道,从他第一次跟我沟通到最后一次,中间足足隔了一年半。

我调侃他说:"我以为你是在探索未知世界的过程中迷了路,但我没想到,你是还没出发。"

没有出发,一切问题都来自你的想象,你问得再详细、准备得再充分，都没有"抓紧去做"有意义。

边做边发现问题、边思索解决问题的答案，在下一次去做的时候尝试解决方案，并再次发现新的问题，下下次再去解决。靠行动力把自己在未知事件上的能力积累出来，比单纯的想象会成长得快很多。

很多时候，过度的思考只是掩盖内心恐惧的借口罢了——"这件事我不是不会/不敢去做，我是还没准备好。"

我理解他的心态，他觉得好的开始是成功的一半，所以他想要充分准备，但是什么才算"准备充分"呢？很多甚至都没有明确的标准。所以，我一直建议的都是先行动起来，在过程中去发现问题、解决问题、发现新问题、尝试新的解决方案。

很多被大家熟知的人，他们的成功也不是平地起惊雷。在他们的作品被人熟知之前，也有漫长的尝试阶段，但他们并没有停下来，而是不断尝试新的方向，直至被看到，连带着之前的作品也都重见天日。

这个思路放在节奏颇快的互联网时代也是一样的。确实有那种靠一条作品就能平地起惊雷迅速爆火的账号，但更多的人是，默默更新了很多条，边更新边调整，直到有天忽然就爆了一条，从此渐入佳境，形成了自己的风格。

但哪怕是那种爆火的账号，恐怕也是在你不知道的平台默默努力了很久，或者背后藏着你不知道的诸多积累。

所以，大胆把自己推到受众面前，接受最真实的反馈，行动永远比深思熟虑能让你成长得更快。

在炖汤的时候思考，而不是只是在思考，这样你会获得越来越好喝的汤和更多的经验，而不是只获得无数个未经证实的假设。

四 坚持的收获：你总会拥有至少一批读者

除了前面我提到的"迟迟无法开始的人"，我还见过很多很多人，一腔热血地开始更新，然后半个月后就停更了。

问他原因，就是因为没人看，所以就没动力了。

再仔细问，就是之前根本没有任何方式的输出习惯，全都是重新开始。

要知道，这种情况其实面临的是内力和外力的双重困难。

内力困难：自驱力不足。

要开始一个之前从未开始过的"工作"需要有很强的执行力和基本的自律。无论你承不承认，这个尝试都将占用你额外的精力和时间。

外力困难：反馈缺失。

新的尝试，当然是希望得到反馈的，哪怕不全是正向反馈也是可以的，怕就怕自己的创作像是丢在了空气中，没有人看到，毫无声响，令人绝望。

总结一下就是"缺乏动力"。

我是怎么度过这个阶段的呢？

01 向内降低预期，向外寻找刺激

● 向内：热爱能让你更好地管理预期。

我是个极其爱写东西的人，有着极其旺盛的表达欲。

上学的时候，老师要求写周记，别的同学都叫苦不迭，而我交一本，自己留一本。自己留的那本，就是写给自己看，除了自己没人会看到，但我也还是会持续地写。

我毕业后的本职工作就是与文字相关，有时晚上加班到 11 点回家，洗漱一下，看剧看到 0 点，也会留 1~2 小时在 QQ 空间写点自己真正喜欢的东西。

有人看吗？有，亲朋好友吧。但有价值吗？可能用世俗标准来看，也没啥特别的价值，但这锻炼出我越来越强的写作功底，培养了我持续输出的习惯。

热爱可以让你把付出变成一种可持续的自觉，这种付出可以是出钱出力，也可以是主动表达，当你表达的初始目的仅仅是记录的时候，你的行为就很容易坚持。

坚持，是让你度过第一阶段的关键。

这就是热爱的重要性，也是前面我问过大家的那个问题：

如果仅仅是为了给自己看，你愿意持续创作相关内容吗？

当然，热爱不能支持你做所有事儿，我也完全不鼓励"感动自己"式的坚持。

所以咱们重点来说说第二阶段。

● 向外：主动会让你获取第一批读者。

第一阶段无人问津却乐在其中的写作状态，我保持了很多年。直到后来，博客来了。

看似只是换了个写字平台，但却有本质的变化。因为从QQ空间到博客，代表我写的东西可以突破熟人圈子，被陌生人看到了。

哪怕只是个位数的陌生人，也会在"阅读量"那里有非常直观的体现。

我开始更为主动地写作，并且承担起朋友圈里一切活动的记录者：

> 出去游玩，回来后我会写游记发给所有人看；
> 一起看电影，我会写心得体会并喊来好友在讨论区讨论；
> 做了好吃的，我会简单记录步骤并配上粗糙的图片；
> 我会把跟朋友天马行空的聊天记录下来供大家一起回味；
> 我也会写下自己恋爱过程中遇到的开心或不开心供大家评判……

现在看看，那真是一段完全不会社恐的岁月，放到现在看，全是让人脚趾抠地的"黑历史"。

但这样做的好处是什么呢？

是会拥有第一批忠实的读者。

他们会懂你写的东西，会积极与你互动，会把你从孤立的表达中拖出来，让你看到你的文字连接了哪些人、哪些情绪。

随着你越写越多、越写越好，朋友们很乐于将你的内容分享给自己的亲朋好友，通过你的文字让周围人了解有他们在内的生活，这就产生了第一层裂变。

替别人表达和发声，看似你增加了莫名其妙的工作量，但其实是用你的智慧和劳动换取别人的主动传播。

当然，这一切的前提都是你的表达有被你周围人传播的价值。

03 如何判断自己的表达是否有价值

> 和读者有关的，能替他们表达心情、记录生活的，比如共同的经历；
>
> 读者感兴趣的，能代表他们的爱好的，比如烹饪笔记；
>
> 读者能够产生情感共鸣的，比如对恋爱、工作的一些观点看法；
>
> 有趣的、独特的，比如一些你自己独有的经历或者特别的见解。

以上内容一旦建立在及格线以上的写作功底和及时的产出上，就足以产生第一波主动传播。

当你把越来越多后来的读者纳入你的价值库里去衡量后，你可以调整自己的表达方向，这可以通过反馈来更为准确地判断自己擅长的方向，不断尝试。当你发现你的粉丝越来越多，就说明你已经突破了熟人圈子，引发了两轮以上的传播裂变。

这个过程可能会非常缓慢，因为人们从"过来看一眼"到"决定关注追更"，中间是需要有很强的驱动的，需要你的内容在很短时间内就能抓住人，这也是需要下狠功夫磨炼的。

好在互联网时代让传播效果变得非常容易被得知：

阅读量有没有忽然增长？是否有你不熟悉的ID前来评论？点赞数是不是忽然变多？

任何一个数值的变化都可以成为你的动力：

> 当有条评论提到了你上一篇文章写过的梗；
> 当一个陌生的ID给你留了长长的一段话；
> 当私信里躺着一条未关注人的留言；
> 当一个甚至昵称都没起的ID却在转发你的内容……

我记得有一次我赶着上班，到公司楼下后，跟一个完全不熟悉、只知道名字的同事正好坐一趟电梯，电梯里只有我们两个人，气氛一度很尴尬。

正当我想着说点啥打破沉默的时候，对方忽然开口了："我们部门都在看你写的那篇游记，真的很好笑，看完感觉我也去了现场一样。我也经常看你写的其他东西。"

我当时就很震惊，因为我知道他的昵称，他是完全没有给我的文章点赞和评论过的，但是他记住了我写的内容，虽然我知道这可能是一种很常见的寒暄，不代表他真的那么被我的内容打动，但那是第一次我明确地知道我写的内容先于我本人与他人发生了联系。

这种感觉非常奇妙，不仅仅是被看到的满足感，还是你的表达终于触动了这个世界一个未知的按钮，你忽然被告知，你的表达是"有效"的，像是忽然裂变出了一个平行世界，那个世界的一切与你息息相关又全然不同。

每个坚持表达的人总会有这样的时刻，记住这样的时刻，在你无法坚持的时刻，提醒自己，自己的表达曾经触动过别人，让这成为你的动力，并想办法把这种"触动"的频次变高。

因为这代表你有得到认可的能力，不是出自友情、亲情，或其他熟人关系，而是出自对你内容本身的认可。

五 枯燥但很有必要：我的"网感"速成班

热爱是最好的驱动力，但如果仅仅依靠热爱，就算你坚持了足够久的时间，成长也会非常缓慢。

写作和烹饪、健身一样，日常积累固然会让你日益进步，但不经过一段时间高强度的、密集的创作，就很难获得质的飞跃。

我这里说的"质的飞跃"，姑且称为"网感的觉醒"吧。

"网感"这个词，现在已经很少被专门提起了，毕竟在这个人人被互联网包围的时代，这个能力要求显得过于笼统了，现在这个词已经被细化或升级为热点跟踪、爆款预测和内容运营等。但万变不离其宗，"网感"其实就是你通过互联网渠道，用文字或视频等形式获取粉丝关注的能力，是区分你的内容只能自娱自乐还是能够聚集粉丝的重要标准。

我的网感形成期其实也经历了三次高强度的周期输出。

01 第一个周期：某房产交易 BBS 的生活版块

这是我还在新疆时一个朋友的创业项目，当时他负责一个房产交易网站整体的开发，技术和视觉呈现部分他都得心应手，但涉及运营的时候会比较吃力，因为他不想整个网站仅仅是单纯的交易信息，还希望网站内能增加论坛部分，让住得相近的居民能在论坛里互动起来，创造一种温暖的社区氛围感，想用这种办法增加大家的浏览时长，看看有没有更多实现收入的可能。

当然，策略上可不可行我当时也没判断，但作为一个文字话痨，我自告奋勇帮他做了这块的工作，成了一名光荣的"版主"。

运营一个版块跟运营自己的博客或 QQ 空间是完全不同的感觉。在你自己的空间，你只需要毫无保留地输出自己的观点和见解，清晰、直接、个性化；而作为一个版块的管理者，要有版块热度考量，你需要抛出话题，然后退到幕后，把舞台让出来给用户表演。因此，揣测当下什么话题会受欢迎、什么话题会让大家乐于分享，甚至什么话题会引起争议，成了我每天的乐趣。

这个工作非常有意思，你能很清晰地看到在目标相同的前提下，选择不同的话题切入点，产生的效果往往天差地别。

比如我想要养一个盖高楼的交友贴，如果简单地说"本小区的业主，留下你的信息和爱好，看有没有爱好一致的可以成为朋友"，参与者就会寥寥，因为真的很无聊；但如果我说"小时候经常吃校门口卖的一种零食，但是长大后就再没见过了，楼里的友友有人知道在哪里可以买到吗？"，然后把零食的特质描述得模糊点，效果就来了。

很多人会问是不是这种或那种零食，会问你是哪里人，会告诉你这个城市有什么野菜可以吃，一来二去，大家在评论区透露了很多家乡信息和童年故事，总有人找到老乡或者被其中 1~2 个故事吸引，附和、反驳或者补充一些细节，这楼自然而然就盖起来了。

在这个阶段，我第一次学会了怎么做好话题的主持人，用有趣的角度降低表达的门槛，让人人都有的说，现在想想，这也许就是选题的基本功。

02 第二个周期：姐妹创业的官方账号

后来我到了北京，新认识的一个姐妹刚好在创业，创业方向是一个女装、首饰等的垂直类网站。网站基本功能有了，货源不成问题，也有一定的成交量，就想要紧接着做一个主打服装搭配、饰品选择、化妆美容等的生活类账号，用来扩充新用户。

朋友觉得我比较能写，又有多年广告文案功底，就找了我帮忙。

这次是有报酬的，我当然是答应。

当时我痴迷于玩知乎，觉得那里的人有一定的消费能力，又是公域流量，自然就选择了在知乎起号。

我和其他两个姐妹一起从 0 开始，做一个全新账户，我们三个轮流更新，大约 2 个月时间，把粉丝做到了近 2 万。那可是 2017 年的知乎 2 万粉，重量级跟现在的 10 万粉差不多。

我们做号的内容很直接，领域也非常垂直，就是针对穿搭小白输出一些基础的化妆、穿搭、饰品选择原则。但是我们的内容会非常精准，比如饰品搭配，我们不会去写"如何选择一条适合你的项链"，而是会写"不同的脸型穿衬衣时该如何搭配项链"，或者"刚刚工作，如何选择一条 200 元以下又有品质感的项链"，让问题更加具象化，准确击中用户的需求。

要知道，我们三个人，其实谁也不是专业的美妆博主或者时尚达人，但每个回答我们都下了大功夫，研究了大量肤色、脸型、服装色彩、饰品材质和设计对人的影响，最终以每两天一篇高质量问答的形式搭建起这个账号。

那个账号后来随着姐妹怀孕导致的创业中止也停止了官方侧的更新，但由于我实在是倾注了大量心血，所以自费将账号买下来，后面运营了一段时间，以 5 倍的价格卖了出去，这就是后话了。

这段密集创作的阶段，让我明白了一件事：

大多数人对信息的学习和理解能力是有限的，他们需要也希望有人替他们吸收消化知识，再转化成他们轻易能看懂的形式，直接告诉他们答案。甚至你不需要是某个领域的专家，只要你善于学习、整理和整合信息，并分好类，输送到正好需要的人那里，你就可以是个有用的内容创作者。

03 第三个周期：任职公司的达人运营

这段经历是我自媒体生涯中最为重要的转折点，后面我会单独细说，但是刚开始，这确实是份赶鸭子上架的工作。

当时我在全国 TOP3 的菜谱网站公司担任北京地区的内容负责人，入职刚好赶上公司的业务方向调整，想从传统的菜谱类网站转为电商网站，盈利模式从以往的网站硬广转为电商销售，需要脱离以往的菜谱工具网站属性，往更年轻、更互联网化的电商属性上去靠，这就要求全站的内容调性也要调整。

放在运营端，就全是细碎得不得了的苦活儿：

> 第一个调整是要引入大量站外达人，丰富全站内容，使之更年轻化、潮流化；
> 第二个调整是让原先达人适应新的平台调性，调整自己的创作风格。

第一个调整其实算简单，就跟现在各平台都会不定期引入一些外站达人一样，我们做得更往前一步，只要站外达人授权，他们的内容都由我们负责同步过来。没办法，想要短时间内扩充内容量，等不得他们自己养成习惯。

但第二个调整就矛盾重重了。

因为我们那个网站是偏传统的，有一定烹饪经验的人年纪一般也都偏大，他们的内容非常干货、实用和接地气，但是工具属性太强了，而且内容展示方式比较笼统和枯燥，所以长期以来的受众就是中老年。

我们尝试过一次次开课，教已有达人们如何制作更有网感的内容、拍摄更精美的图片、切入更有趣的话题，但这样的时间成本太高了，没有办法，运营们开始了"精编"的工作。

所谓精编，就是把老达人已有的内容进行重新编辑，在保证核心内容不变的基础上，使内容的表达方式更符合年轻人的阅读习惯，让读者更有跟做和互动的动力，进而才有跟着下单的需求。

工作量其实还好，也就是把每个菜谱变成一个可读性更强、更有趣、更能提示应用场景的文章，但难度却不小，需要对读者心理和需求有很强的把控性。

比如老达人的一篇"蔓越莓饼干"的菜谱，一般来讲，除非你很准确地想要做这道菜，不然是不会搜索的，就算推送到面前，你可能也会划过。但我们赋予的场景是"假期要跟异地恋的男/女友见面，可以做些什么不容易坏又方便携带的食物带去呢？"除了蔓越莓饼干，还合并了很多其他口味的饼干做法，这就一下子唤醒了部分人群的需求,这类菜谱的阅读量就一下子提升了,而且看后台数据,读者画像恰恰就是我们想要的人群。

类似的精编还有:

> "春游野餐指南",整合了三明治、沙拉、炸物的做法;
> "快速醒酒集合",搜集了各地酸汤的做法……

除了功能场景外,我们还根据实事热点做了改编,比如一些热门影视剧、游戏里出现的美食复刻,都给原来工具化的菜谱带来了新的看点。

为了找到跟用户的共鸣,除了美食编辑需要注意的二十四节气、中外节日外,我们运营小组每天还要高强度浏览各种热点,寻找能用得上的契合点。

网站每天的自然日活保证了我们的输出能及时得到反馈,我们就在那半年时间内不断地尝试、调整、强化,用密集的输出培养了最基础的热点判断能力。

上面三个阶段,说巧不巧,刚好分别锻炼了我的选题能力、信息整合能力、热点判断和表达能力,这些正好是网感的重要组成部分。以上每个阶段其实也就是3~6个月的时间,但却逼得我快速成长,所以关于网感,我的个人经验就是:要高强度地练,且不能闷头练。

你一定要找到一个能快速获得反馈的渠道,保证一段时间的高强度输出,去不断测试粉丝对内容的反应。练得多了就有经验了,什么话题会爆、什么角度更新颖，以及如何表达更抓人，都是在一次次尝试中积累的经验。这个过程虽然辛苦，但形成技能后会大大改变你看内容的角度，当别人还在看热闹的时候，你已经可以看到内容背后的表达逻辑了，这可是一个创作者受益终身的技能。

第二章

大盘鸡·认真的每一天都不会被浪费

一 超级记忆点：小门店的大盘鸡一吃就是很多年

不知道你心里有没有这样一家小餐馆？

它就开在你家或公司楼下，可能在一个深深的巷子的尽头，有着极为随意的招牌，或者干脆没有招牌，在各种美食榜单上从来见不到名字，不会出现在游客的打卡清单中，甚至连日更的探店网红都不会去取材。

但是，它就是你心心念念的小店。

你以为你爱吃它，是因为它离你近，而你吃过的样本数量又太少，自然觉得好。

但是当你拓展了自己的探寻范围，去吃了更多馆子，却发现居然还是那家小破馆子最合自己胃口。

可能是因为你的味蕾已经被它驯服，让你先入为主地以它们的调味为标准；也可能是因为你对这家店的感情分加到了菜品味道上，它让你的味觉加上了情怀。

但最最最有可能的是，这家馆子的某道菜，真的就比其他家都地道。

不信？

回忆一下你是怎么跟朋友介绍这家店的。

> "我家楼下那家馆子的肥肠是我吃过最好吃的。"
> "我知道有家店的小炒肉做得秒杀大酒店。"
> "我带你去吃这一片我觉得最好吃的牛肉面。"

看,当你想起这家店的时候,它就会以一种无比具体的菜品或口味出现。

这就是这家店的"超级记忆点"。

这种超级记忆点能让它挤走其他所有餐馆,让食客第一时间想到它。而更重要的是,当食客摇摆不定,不知道要去哪家馆子吃哪道菜的时候,这种有"超级记忆点"的馆子,能一举解决两个问题——就去 XX 吃 XX!

01 你的"超级记忆点"是什么

在上一篇章,我们讲了热爱帮你选对领域,但怎么在这个领域被记住,是你接下来需要了解的事情。

也许你会觉得自己文笔好、逻辑强或者知识面广,但这些都是过于笼统的记忆点,效果类似于朋友跟你说"我知道有家餐馆还不错"。

你听完只会说"哦",因为记忆点不够鲜明、不够打动人。

但当朋友双眼放光地跟你说:"我知道有家餐馆的烤包子一绝!"你大概率马上就会找机会跟朋友去吃,哪怕是还没来得及去吃,也会在跟其他朋友提及哪家店好吃的时候,顺带说一嘴:"我一个朋友大力推荐某某店的烤包子。"

而能给人留下类似于"烤包子一绝"的强烈印象,就是你要打造的特色。

怎么知道自己有没有这个特色呢?

很简单,很多平台在注册后,都有个给自己打标签或者写一句话介绍的地方,你能不能迅速地补充完标签,或者想好这一句话的介绍,就代表你是否足够认真地总结归纳过自己的特色。

我看到很多人的一句话介绍写得很随意,或者经常变化。没错,如果你只是随便上网逛逛、浏览浏览信息、交交朋友,那你大可以随心所欲;但如果你试图成为一个通过表达影响他人、被他人记住的人,那这句话就像别人对你的第一印象,是考验你是否具备超出常人网络影响力的第一步。

也许你有特色,但表达得还不够鲜明。

举几个例子:

> "热爱生活"——嗯,挺好。
> "90后宝妈"——哦,是个年轻妈妈,然后呢?
> "喜欢做手工"——很棒的爱好。
> "是个吃货"——谁还不是个吃货了?

上面的前半部分是我经常看到的一些个人介绍,后面是大家看到这些介绍后大致会产生的心理活动。

可以看到,这些介绍初步总结了自己的特色,但是传达出去的信息远远不足以让人记住或者产生强烈的了解欲望,因为都不够具体、生动或者让人耳目一新。

02 如何强化自己的"超级记忆点"

让我们稍加改变:

情感更具体:"热爱生活"改成"每周一最开心"。

嗯?每周一都是大家最痛苦的时候,为什么她会期待每个周一,去看看吧:哦,原来作者是一个花艺师,每周一是进货的日子,店里会摆满大量新鲜花材,这让她觉得心情很好。再看内容,都是关于花的挑选、养护和植物小知识的,反手一个关注,万一以后用得上呢。

反差感更强:"90后宝妈"改成"我比宝宝更贪玩"。

哇,这个妈妈似乎玩心很重。哦,原来是个"90后",我倒要看看"90后"的妈妈到底怎么带娃的!哦,原来作者分享的都是最新的育儿理念、好玩好看的绘本、有趣的亲子游戏,母子两人一副和乐融融的样子,是我想要的育儿生活,关注了!

效果更强烈:"喜欢做手工"改成"亲手组装了个家"。

感觉很厉害的样子,进去一看,果然家里大部分家具和全部装饰都是作者亲手做的,炫酷又温馨,我手笨但很喜欢看DIY,关注了,看看后面还有什么好玩的玩意儿。

更有共鸣:"是个吃货"改成"靠吃记路"。

一看就是个探店作者,而且吃货们的统一技能就是未必分得清东西南北,但你要跟我说去的地方在哪家好吃的旁边,我就一定能找到地方。所以,这个简介真正的吃货看了真的会会心一笑,如果内容也在合格线以上,就很容易被记住。

以上的修改,都只是举例,这样的例子,我还能举出很多。大家有没有发现,这样修改后,记忆点变得鲜明很多呢?

03 "超级记忆点"不是简简单单几个字

但并不是说你有样学样,把签名改得像模像样了,自己的"超级记忆点"就打造完毕了。简短有力但足够鲜明的个人介绍是个人特色的高度凝练,但签名只是敲门砖,而完成从"记住"到"关注"的转化,前提一定是建立在你的内容足够支撑你的"超级记忆点"基础之上的。

就像我刚上班的时候,公司楼下有一家大盘鸡店,名字简直不要太朴实,就叫"燕京大盘鸡",店内脏脏破破,甚至半数以上的桌子都摆不平,但是他家的大盘鸡,至今为止还是我心目中的王者。

王者到什么地步呢?

哪怕非工作日,朋友来找我玩,我都会把他们带去公司楼下吃那家大盘鸡,我会很夸张地表述"我带你去吃我吃过的最好吃的大盘鸡,它家的鸡肉有牛蛙味儿",而跟我去的朋友也从未失望过。

那附近的人,但凡提到大盘鸡,第一个想到的也是这家店。

后来我换工作地点了，种种原因导致我有长达 2 年没有去过那家店，再次光临时，发现这家的大盘鸡从每盘 40 元涨到了 80 元，经典口味还是那几种，名字依然还是叫"燕京大盘鸡"，但是增加了酸菜炖菜系列、爆肚系列和各色拌面等，而重点是，鸡肉依然做出了牛蛙味儿，一如既往如同印象中的有辨识度。

而那家店完全没有受到周围其他网红店面开开关关的影响，生意一如既往地火爆，一直好好地去做大盘系列的主线。后来据说再要去吃的话，已经需要提前 40 分钟给店主打电话确定有没有座位了。

当一个店主头脑清晰，清楚地知道自己的特长，用足够好的口味支撑和强化自己特色的时候，他的拿手菜就能支撑他的店产生"超级记忆点"，成为吃货脑海中无比坚挺的存在。

做自媒体也像是开门迎客，门开了，菜上了，你的客人为你留下了吗？再次光顾了吗？向别人推荐你了吗？推荐后别人也产生足够的兴趣了吗？这些不仅取决于你有没有找到自己的"超级记忆点"，更取决于你的实力是否足够支撑你的"超级记忆点"。

二 正视本职工作，能力是越用越锋利的剑

做好一件事是要花费时间和精力的，而我们很多人开始尝试自媒体之路的时候，是有自己的本职工作的。

所以时间和精力的分配通常会成为第一个难题。

> "上班已经很累了,我没精力保持自己内容的更新。"
> "要是不上班就好了,我一定能做得更好。"
> "我的账号要做到什么程度我才能不上班呢?"

你看,很多人习惯性地将本职工作与自媒体创作完全对立。

我不能说这个想法是错的,我只能说这是在给你自己设障。

一个人一天中一半以上的清醒时间都在上班,上班确实占用了大量的时间和精力,但同时,它也带给你最直观的经验和成长。

你可能会说,我的工作与我想要做的自媒体方向毫无关系,互相抢占时间精力,那可不就是对立的吗?

但是我们需要知道的是,无论你计划进行什么方向的创作,抛开内容不谈,需要的最基础的技能都是一样的:细心、耐心、自律;高效率、强逻辑、稳心态。

"细心、耐心、自律"我就不细说了,因为这几乎是做成任何事的前提。

我认识所有小有成就的自媒体创作者,不管是图文作者还是视频作者,无论是哪个领域的,没有一个不是有着细致入微的观察力、对作品有着相对严格的自我要求和不厌其烦试错的耐性,更有着在不见起色时保持更新的超强自律,这样才会成为某个领域中能被看到的创作者。

以我个人为例,单独说说工作带给我的高效率、强逻辑和稳心态吧。

01 高压下练就的高效率

我刚毕业后就是一家综合性广告公司的小文案，那是家西北地区最大、历史最悠久的广告公司，会给新人非常长的成长期，但同时，也一定会给你很强的压力，逼迫你快速上手。

比如说我的职位：文案创意。

基本功就是在规定时间内给一个产品创作百条广告语，给一篇软文起几十个标题，写十几个影视脚本，大家一起拿出来内部比稿，看最终会选定谁的创意提交给客户。

这已经是很惊人的脑力劳动了，而在那之前，你还需要用最短的时间迅速了解一个你以前从未接触过也完全不感兴趣的行业，单位时间内，你了解得越多，可以出创意的角度就越多，呈现就越准确，比稿胜出的概率就越大。

可能很多人认为，创意工作是一个无法总结方法论的工作，更不应该用数量去衡量成果。

但当创意这件事儿，向上需要承接的是客户的需求，向下需要打动的是用户的心智的时候，它就必须要有方法论，不然你是无法保证工作按时高效完成的。

而我是个不爱加班的小文案，我的梦想就是干完自己的活儿下班（但就是这样，加班这件事儿也几乎贯穿了我整个职业生涯，这就是我下定决心做自媒体的原因之一，这个后面再细说），所以我会要求自己在正常时间内完成工作。

如果我有一天时间去想100条广告语，我会花至少大半天的时间梳理资料。是的,不是翻阅,是梳理。

比如我要为某款酒写广告词,那么我会根据掌握的所有资料梳理出几个方向——口感、产地、工艺、文化底蕴、附加价值等。

> 每一个方向我都会总结出3~5个能高度概括产品并且足够打动人的词,然后围绕这些词去创作,每个方向创作10~20条广告语,这样我就能拥有60~80条广告语了。
>
> 紧接着,我会把不同的方向进行组合,看它们之间能不能产生合理或奇妙的联系,比如"产地+工艺""口感+文化"等,由此再创作10~20条包含两个方向以上的广告语。这种方法诞生的广告语难度更高,但浓缩的信息量更大,可以展开的联想也更丰富,所以往往比前面一种更耐人回味一些。
>
> 最后,我会把这些方向都忘掉,凭借我这些天来对这个产品产生的最直接,其实也是最综合的印象,再来创作5~10条广告语。

这样一来,我很快就能拥有100条左右的广告语,而且每组每条广告语之间都有自己的创作背景和联系。

靠这样的方法,我总能按时完成工作,并且正因为我的"创意工作"明确考虑了想要传达的内容,因此"很好用",通过率也很高。

当然,并不是说客户满意的创意就一定是优秀的,我只是说在找到这种工作方法后,我的工作效率提升得非常快。

所以当我开始从事自媒体工作的时候，每当发现一个选题可能有热度时，我就可以快速分析方向，找到切入点，并且以较快速度呈现出来，这就是我在第一份工作中练就的本领在我自媒体生涯中起到的作用。

02 事无巨细练就的强逻辑

我的第二份工作依然是在这个公司，只不过转岗成了一名公关企划，主要负责的还是大型活动的策划和执行，和现在的舆情监控和管理略有不同。

做文案和做公关企划最大的区别就是，前者只需要你去思考最好的表达方式，后者则需要你考虑从创意到落地的所有细节。

比如说我们要给一个叫"天山雪莲"的新产品发布做推广，文案在影视脚本里只需要提到类似"天山山脉上盛开的洁白雪莲"这样的画面就能表现出新品诞生的意思。但如果要经由公关部门做成产品发布会，这个画面就需要借助多媒体声光电甚至特制的道具布景去实现。

这里面涉及的细节可就太多了。

在发布会现场的"雪莲绽开"要用什么方式呈现更震撼？

● 如果是用声光电的表现形式，那么：

是用背投还是全息投影呈现？素材制作成 2D 还是 3D 的？时长控制在 10 秒还是 15 秒？新品发布环节需要嘉宾以什么方式去

启动？是否需要配合别致的启动台？启动台装置是否足够简单，以避免嘉宾误操作？

- 如果是做成实物道具的表现形式，那么：

需要用什么材质既能控制成本又能保证效果？道具的设计是否需要订制？是否需要预留足够的外地制作时间？现场的搭建风格和现实条件是否与呈现道具风格搭配？道具的安装和操作是否会大大延长布展时间？

这仅仅是一个活动中的一个环节需要考虑的问题，类似这样的环节在一次活动中少则十几个，多则几十个。更让人有压力的是，你的考虑是否周全，在执行环节会立刻得到验证。

> 预算超了就是你的报价单有问题；
> 工期延期就是你做工作排期没经验；
> 布展出现矛盾就是你缺乏现场协调能力；
> 客户临时变卦就是你控制客户的能力有限；
> 媒体报道出现问题就是你的通稿或者媒体关系没有做好；
> 现场出现任何意外没有处理好就是你没有做好预案……

因此，刚刚转岗的至少大半年的时间，每次活动前我都睡不好，会在脑子里一遍遍模拟筹备过程和现场可能出现的问题，还好公司足够宽容，当时的领导也足够保护我，让我跌跌撞撞地成长为一个还算优秀的公关人。

是的，经验和教训可以帮你快速形成自己的工作逻辑，而这种逻辑在之后我从事自媒体工作时派上了大用场。当我去创作一个主题的时候，会很快在脑海中做好排期，比如我要拍摄一期母亲节的烘焙专题，就会在母亲节前一周开始筹备：

> 准备和拍摄预留 2 天；
>
> 补拍摄画面预留 0.5 天；
>
> 剪辑和配音预留 1 天；
>
> 在母亲节前 2~3 天发布，预留平台运营发现并推荐的时间……

这样刚好赶上母亲节 48 小时流量最好的时候，让更多的人看到我的作品。

同时，根据逻辑判断，这类小节日的热度会很快消退，那么我会提前准备第二套文案和视频封面，甚至第二套配音，用于节日后换上。比如换成日常的烘焙主题，以便于内容在更大范围内继续流通，获得更多曝光，而不至于在母亲节刚刚过去就没了热度。

这都是基于对人们浏览习惯和平台流量的观察形成的工作逻辑，也是我在从事公关策划和执行时养成的良好习惯，其实比起工作中那么多的事无巨细而言，自媒体的这些细节要好掌握得多。

03 被动成长带来的稳定心态

后来，由于我工作表现还不错，先后被提拔为项目的创意总监和公关部的经理，这看上去是很好的进展对吧？

其实不然。

我当时是全公司年纪最小的经理和总监,而且我是大四下学期免实习期入职的,当我被通知提拔成为经理的那一年,我才正式毕业半年多。

那是种什么状况呢?

手下的人不仅年纪比我大,而且从业时间比我长、行业资源比我丰富,虽然与他们相比,我是唯一广告传播专业毕业的,但很多时候英雄不问出路,经验和天赋远比专业出身重要。

不光是自己的部门和机构,别的部门和机构也知道我的履历尚浅,大家都对我和我管理部门的表现持观望态度。

所以刚刚进入管理层的第一年是我极其难熬的一年。

我每天都神经紧绷,不仅要对付客户、完成工作,还需要管理部门,尽量不出纰漏,完成跟其他部门的顺利衔接。我当时不止一次感慨,以前我只需要管好自己就行了,而现在,我需要对全部门所有人的工作甚至言行负责。

非常庆幸的是,当时的部门成员都非常支持我的工作,都尽可能地配合我的工作,大家一起完成了一个又一个漂亮的案例,偶尔有失误,大家也会共同承担。但因为我们的部门是非常新的部门,是公司的新业务方向,成立的第一年利润率远比不上别的部门,所以当时的部门话语权比较弱,我的心态也极其不稳定,很敏感,总绷着一股劲儿想要证明自己。

但事实就是,公关活动的利润率是不会超过媒体投放的利润率的，至少在当年是这样，这让我十分焦虑。

后来我实在绷不住了，去找了行政部门的前辈，也是一个在公司工作了很多年的姐姐。

她开导我说，既然公司成立了这个部门，就代表对这个业务方向有所期待，至于是知名度上的期待还是利润率上的期待，或者只是增强综合竞争力上的期待，那都不应该是我给自己施压的范围，我只需要做好自己的工作就够了；而公司之所以选拔我当负责人，是对我的能力有基本的认可，用我用得对不对是公司需要承担的风险，而我要做的不是自我怀疑，而是努力证明公司的决定没有错。

最让我安心的一段话，是她告诉我不要这么紧绷，人都有可能犯错，当你以永不犯错、永不被抓把柄为目标的时候，就注定会失败。要把眼光放长远，当一两年之后，个人和部门都成长起来之后，大家看到的是整体的趋势和成绩，很少有人还会记得过程中的小小失误。只有未来真的失败了，大家才会回头来复盘这些问题，所以我要做的，就是不让大家有机会来翻旧账。

时隔多年，我还记得当时在那个姐姐的办公室里，一向活泼的她忽然很正经地跟我谈了一下午的话。从那个办公室走出来的时候，我忽然感到一身轻松，思想包袱全部卸下。

也正是因为那次谈话，让我开始养成把事情分为"我可控"和"我不可控"两类的习惯，尽力做好前者，不被后者干扰。

这个心态放在自媒体创作上也是一样的，创作内容的质量、选题、发布时间和互动节奏都是我"可控"的，而发出去的反响、是否能火、是否能被喜爱或者是否会被误解，这都是我"不可控"的。如果我总是被后面这些问题困扰，就会让自己畏手畏脚，对自己可控范围内的事情也会失去控制。

这一部分我聊得很多，因为本职工作和自媒体创作的矛盾问题几乎是每一个新手都会问的问题，而我经常用一句话总结："你在职场上是什么样的人，做自媒体的时候就是什么样的人。"

一个人职场上马马虎虎，他做自媒体大概率也不会好，毕竟一个有人约束、有规律和范例可参照、团队作业、直接涉及工资和晋升的工作都做不好，就更不用说单打独斗、无人督促的结果了。

所以，不要将职场与自媒体创作对立起来，你在职场待的每一天，都是在帮自己磨炼日后自主创作时的剑。只有磨出一把足够锋利的剑，以后转换战场才能带着它所向披靡。

三 离职前一天，老板想要升我职

可能很多人都以为我在从事广告行业的那些年里，早已开始了自媒体创作，但其实我开始得相当晚，前几年我都在兢兢业业地工作、加班，加班、工作，就算偶有创作，也不过是QQ空间和微博的只言片语，没有规划，想到哪儿写到哪儿。

但我说过，安心打磨你的能力，机会总会找到你的。

01 一次"帮忙"开启的职业转折

当我在那家广告公司干到第六年,很多工作都轻车熟路之后,一个机会忽然降临。

当时我有一个在报社工作的朋友,因为受不了单位的很多规矩,又因热爱摄影,有不少圈内资源,于是拉我一起搞一个"摄影O2O"的创业项目。

项目逻辑比较简单,就是当时大家拍婚纱都是去婚纱影楼找摄影师,但是影楼的拍摄根本不怎么挣钱,挣钱的大头都是服化、修片、制作成册等,所以"二消"夸张,经常被人诟病。

花钱多也并不是最主要的,由于婚纱影楼的主要利润来源并不来自拍摄本身,所以在摄影师身上的投入是极其有限的,服装、道具、场景来来回回就那几样,修片也几乎是傻瓜式操作,这就导致了很多人拍出来的照片不仔细看都长一样。

要是遇到想拍得别致一点的新娘子,要么花大价钱订制,要么自己找专业的朋友搞定;而如果是平时想拍个室外的文艺写真,就更找不到人了,只能靠朋友介绍。

这就造成一个奇怪的局面:

> 影楼的摄影师本应该是最专业的,但影楼不需要他那么专业,只需要他们做好服务流程上的某一环,快速、安全、不出差错地完成工作即可。摄影师的收入也不取决于拍摄质量,而是按照套数提成。

> 很多刚入行的摄影师，有技术有情怀有想法，却不被人知道，只能签一个影楼作为单位，先解决生计问题再说。而签约后，影楼的工作流程又跟他的个性和创作原则不兼容。

摄影师层面陷入死循环，创作激情渐渐减退。

消费者层面也是一样的，消费者是想花大价钱搞一套好看的照片，但多花的钱并没有成功激励到摄影师，而是流向了其他环节。

就这样，有技术的摄影师没有足够的单量，有需求的消费者又找不到专业的摄影师，这在微博刚刚兴起没几年的当时，是比较突出的信息不对等现象。

我朋友想做的就是我们自己搭建一个平台，让摄影师来发布作品，我们推送给消费者看，然后让消费者下单自己喜欢的摄影师，最终完成拍摄。

整个过程跳过了影楼这个环节，是当年最流行的去中心化的"O2O"模式。

但朋友一手有摄影师资源，一手有网站搭建技术，唯独缺少对消费者的触达。

说简单点就是缺宣传推广。

创业前期哪来的钱作推广，冷启动都是靠口碑。恰好那时候微信公众号的时代刚刚开始，流量尚可，他想通过公众号推介摄影师和作品，将这个项目推广出去，主要方式就是每周一期独立摄影师访谈，写成公众号文章进行发布，这个想法只需要找个文笔好、点子正、会抓眼球又有一定审美的人来实现。

他就想到了我能帮他做这个事。

我呢，正好也想试试，就答应在下班时间帮他弄弄。

❷ 让人上瘾的"快速反馈"

这一帮不要紧，这种快速得到反馈的创作，直接重塑了我的三观。

我刚工作的前几年，还处在电视、报纸、广播几大金刚最后的辉煌时期。那时候我们做文案也好，做活动策划也好，得到的受众反馈是很滞后的，一条广告播出去，效果需要过段时间才能从销量或者知名度上得到一点点验证，而这种反馈往往还受投放频次、产品铺货等的影响，非常不直观且易被干扰。

我开始帮朋友忙的时候，互联网的力量才刚刚彰显，我很惊讶地发现，发出的文章立刻、马上、瞬间就有了反馈。

这种感受实在是太强烈，对我产生了极强的冲击。

要知道，在那么多年的工作中，我的一个想法，从诞生到落到纸面、到形成广告片或广播稿、再到真正投放到受众那里，往往要经历一个月以上的时间。在这种工作流程下，是不存在什么"追热点"的可能的，所以整个公司的作品都会比较偏传统、沉稳，耐得住时间考验，但又很难借势到自然流量。

但创业项目不一样，一个想法从诞生到面对读者，只需要一天的时间甚至更短，而且可以根据受众的反馈马上调整和跟进。

这种感觉是会让人上瘾的。所以那段时间我变成了数字控，经常打开公众号后台，研究阅读量和转发量，并且积极在评论区互动。

很快，我就做出了一些成绩。当时的公众号阅读量还不可见，摄影师和消费者的线下交易我们暂时也无法监控到，但是能侧面验证我们做得还不错的消息是：很多影楼的老板严禁自己的摄影师关注我们的公众号。

因为他们怕摄影师离职。

03 升迁前的离职决定

这种效果也被我们公司的同事看到了，因为我是公司较早一批使用公众号的人，所以他们偶尔也会围过来看一下我打开的公众号后台。

在这场传统广告投放与互联网流量的博弈下，我的老东家肯定也是希望拓展这方面的业务，于是成立了"新媒体机构"，就想吃互联网流量这块的红利，而因为我在这方面已经先行一步有了经验，当时的公司就想找我去当这个机构的负责人。

其实如果时间调回到半年前，那将是我梦寐以求的提拔，但半年后当我听到这个消息，我跟公司说：我打算辞职了。

因为我了解到，新的机构虽然要成立，但公司延续了多年的工作流程不会在短时间内发生变化，任何创意和想法都还需要经过层层比稿审核，最终才能落地。而参与审核的各层领导，都有自己的标准，而他们的标准是建立在传统广告基础上的。这样一来，筛选出来的作品能保证质量，却未必适合互联网传播的风格需求。更别提一个热度来了，你第一层审核还没完，热点就过去了。

以我当时的认知，我觉得公司的审稿制度会与互联网时代的审美和需求有冲突，而改变这种节奏需要很久。但我已经尝到了自己全权掌控一个作品的顺畅感，更重要的是我想把我自己觉得好的东西，直接丢到网上，让大家的真实反馈来告诉我，这是不是个好的作品。

那些日子，身体里的每一个细胞都在对我拼命呐喊：去试试吧！去做点让自己兴奋的事儿！

于是就这样，我离开了老东家，也离开了传统的广告行业，一头扎进了互联网的世界。

虽然职业生涯的前几年似乎都跟我目前从事的事业无关，但等我真的走到今天，再回头去看那几年，忽然发现当初走的每一步，其实都是在为今天铺路。

四 创业心得：原来我不是干一行爱一行

可能很多人以为，我的自媒体生涯自此就开始了。

当时我也是这么以为的。因为我终于可以开始写我相对喜欢的内容，开始可以把包括选题、取材、创意、撰写、发布和互动在内的所有流程捏在手里，自己说了算了。

事实上，刚刚辞职的前4个月我过得简直太爽了，每天的工作都是自己喜欢的，而看到后台不断增长的互动数据，听到业界越来越具有存在感的讨论度，我似乎获得了新生，每一天都干劲儿十足。

而这份干劲儿也带来了回报。很快，我们的项目被北京的投资机构注意到，并提供了天使轮的投资，解决了我们最头疼的前期推广费用问题。接着，机构又邀请我们两个人的小团队迁到北京，开始着手下一步的发展。

当然，公平地说，虽然我跟朋友的项目在当时做得不错，概念也是当时最新的，但能够得到投资是因为那年是中国的"O2O"元年，在那一年开始的项目，融到资的概率比其他年份都要高得多。

但无论什么原因，结果就是好运气的我们在仅仅创业半年后，就一起去北京开始了全新的旅程。

01 环境的变化，带来全新的挑战

虽然之前我在老东家算是对互联网流量比较了解的人，但我长期工作的公司毕竟是偏传统的广告公司，这种背景下的我忽然来到互联网高度发达的北京，原先的工作节奏、表达方式和心态都没有足够的时间去调整。

另外就是，我们的项目在被投资前，我的工作内容相对简单，无非就是对B端的摄影师招募和对C端的消费者宣发。然而被投资后，作为项目的创始人之一，我的工作范畴发生了巨大的变化。

当初朋友找我合伙的时候，他跟我保证，我只需要做我喜欢和擅长的事情，其他的对外事务都交给他。而在创业初期，他也把我保护得很好，能让我安心创作。

但是接受投资后，我们的话语权都相对降低了，我们都需要接受资本的安排。

所以来北京后，在一切从 0 开始的情况下，内容的运营反而成了最不着急的工作。为了创建公司、招兵买马，尽快迎接下一轮的融资，我需要临时补位很多职位，没办法，只能赶鸭子上架。

初期，我需要给新公司选址、招聘新员工、制作项目 BP、考虑公司架构、参与网站开发产品会、完成网站的基础运营、对接 PR 工作、参加路演等。

后来，我有了自己的内容团队，可以指导他们的内容，安排他们的宣发方向，但这一切，似乎又让我回到了在广告公司的生涯，而与之前不同的是，我需要操心的事情更多了，每天要开无数个会，参与无数个重要和不重要的决策，但唯独没有时间创作。

我忽然发现，我已经不可能坐下来认真地分析一个摄影师的作品风格，与摄影师进行深入的交流，产出主题足够鲜明的内容了。

可能对于很多有野心的人来说，看着自己的事业版图一点点扩充，拥有越来越多的员工，能够从事必躬亲的工作上离开，成为一个发号施令的人，会是件很有成就感的事儿。比如我的合伙人，很擅长团队管理和资源整合，他就会觉得这就是他长久以来等待的一天。

但对我而言不是的。之前我辞职的主要原因，一方面是想体验互联网化的创作风格，另外一方面就是我想从事相对简单、不受束缚的创作。

02 让我兴奋的是创作，不是创业

所以刚到北京的一年内，我的内心都极度纠结。我深知自己是在违背本性投入到这段创业中，我并不开心，但又觉得我不应该这么没眼界，就把自己局限在一个小小的文案身份上，我应该为今天取得的进步感到高兴。

可当你从一件事情中感到煎熬的时候，你的身体会比你更快有反应。

以前百毒不侵的我突然开始过敏，口腔黏膜炎、湿疹接踵而来，并且高频复发，这都是免疫系统的疾病，而免疫力下降的主要诱因就是焦虑和睡眠不足。

是的，我开始睡不好觉，我的神经时刻紧绷着，担心自己做不好这件事，也在挣扎着问自己要坚持到什么时候。

然而就在又一个睡不好的夜里，我忽然想起在老东家的时候负责执行的一次广告展，其中有个环节是邀请了全国极具盛名的文案大师来新疆举办讲座和沙龙，当时广告行业的文案大师李欣频也受邀前来了。

我记得在沙龙上她说过一段话：

> "我这么多年似乎一直都只是在写文案,身边的人来了又走,走了又来,去创业、去经商、去转行,只有我,几十年来似乎就一直在低头写写写,而每当有人问我'你怎么还在做文案'的时候,我只能说'哦',然后继续低头写写写。"

那是一段极为平静的讲述,当时在场的人应该几乎没有人会记得这么没有信息量的一段话。但当时我作为整个活动的总控,站在台侧,看着她从容地谈起这个场景,舞台的灯光打在她的脸上,也忽然就照进了我的心里。

因为以她的成就,她想要转型或者扩充事业版图,是要比其他人更容易的,但写作是能给她十足幸福感的事。

而真正的幸福感是无须向人解释的。

还记得我说过的吗?唯有热爱才能坚持,而我现在的痛苦,皆因我不热爱。

那个夜晚我想明白后,我坚持跟合伙人一起努力把项目做到了 Pre-A 轮融资,投资人强势进驻担任管理层后,我顺势就退出了这个项目。

可能你会觉得我描述的这段经历,与本书主题毫无关系,但恰恰相反,这段经历是让我坚定不移走上个人自媒体创作道路的重要原因。哪怕是后面几年,当我的个人 IP 渐渐做起来之后,不断有人邀请我组建团队和创业,都被我婉拒了,正因为经历过,所以我早早就明白了什么才是我愿意为之不断付出的方向。

但这段经历有没有收获呢？

当然有。就是在这个阶段，离开新疆的我在知乎上写了一篇想念新疆美食的回答，忽然就拿到了上千赞。而如果我没有离开新疆，就无法以这样的角度去审视以前我习以为常的食物。

五 离开新疆，带得走和带不走的味道

决定离开新疆当然不是一时冲动，但直到 7 年后，我才逐渐明白过来，这个决定不仅是地理意义上的离开，更是味觉上的告别。

在新疆住了 12 年，吃了差不多 13 000 多顿新疆饭（还不算夜宵）的我，能够很敏锐地吃出新疆食物在不同状态下的差别。所以，虽然网购行业日益发达，但我总会发现那些"只在新疆才有本味，口里[①]怎么都无法复刻"的小小遗憾。

01 友谊鉴定器：米肠子和面肺子

这是一种哪怕是本地人，都有一半人不敢尝试的小吃，其人群分类效果类似于鱼腥草。

在新疆，跟新认识的朋友交流起口味来，一旦发现对方跟你一样喜欢这口，你们会比其他人更快熟悉起来。

---

① "口里"是新疆对新疆之外（除西藏、青海等同样边远的地区外）省份的统称；"口里人"则指那些省份的人。

米肠子和面肺子是地道的新疆小吃，饱含着劳动人民将羊下水变废为宝的民间智慧。第一次见到是在国际大巴扎，别说吃过，见我都是第一次见。

这东西做法倒也不复杂，面肺子是将羊肺洗净，和好面用水洗去面筋，剩下的面糊加油加盐，灌入羊肺内，然后扎紧气管，放入水中煮两小时左右即熟。

米肠子是把羊肝、羊心、羊肠油通通切碎，拌入大米，加胡椒粉、孜然粉、精盐，灌入羊肠，肠子表面扎眼避免爆肠，煮一小时即熟。

外地人凑跟前看都看不明白的米肠子和面肺子

长条的是米肠子，吃的时候切成段儿；白的大块儿的是白面肺子，黑的是黑肺子；顶上两坨是面筋。新疆的路边摊一般就这么堆着卖，餐馆里的反而少了点蒸熏的味道。

吃的时候需要加入醋、蒜汁等调料去腥提鲜，凉拌、爆炒或者浇上羊肉汤佐食，味道都特别好。

上面这种就是凉拌的，米肠子中红色的部分是胡萝卜，方块的是面肺子。

我最爱趁热凉拌，米肠子肠衣有嚼劲，里面拌了杂碎的米粒糯鲜，面肺软嫩，有时候还有羊肚和面筋，又是另一种嚼劲。每次我只要在路边看到了就直接来一大海碗，小桌子上直接当场吃完，不然凉了之后腥味儿重，万万耽误不起。

切成块凉拌是米肠子、面肺子的常态呈现

这东西，罕能在口里的新疆饭馆点到，记得有次在一个清真馆子看到菜单上居然有爆炒黑白肺，赶紧点了，结果店长亲自出来解释说因为几乎没人点这个，所以店里没有备货，感觉店主的遗憾一点都不比我少。

02 需要住房子的烤包子

我知道，现在很多新疆的饭馆都能点得到烤包子了，但我吃过的所有烤包子，能达到及格分的都极少，更别提完美复原了。

说到底，还是因为没有几家真的肯给你架起来一个馕坑。

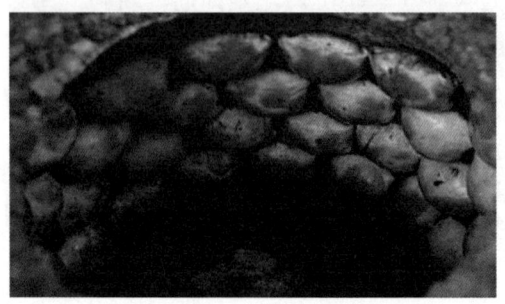

不告诉你根本不知道用途的馕坑

烤包子（维吾尔语叫"撒木萨"）是维吾尔族最喜爱的食品之一。以前在巴扎、路边都有卖，后来也渐渐进入上档次的宴会厅。烤包子的包子皮用死面擀薄，四边折合成方形；包子馅用羊肉丁、羊尾巴油丁、洋葱、孜然粉、精盐和胡椒粉等原料，加入少量水拌匀而成。而它外皮酥脆的奥秘在于馕坑烤制，包好的生包子贴在馕坑里，十几分钟即可烤熟，皮色黄亮，入口皮脆肉嫩，味鲜油香。

烤包子的本命吃法就是直接用手抓着吃！越新鲜出炉的越好吃！

你吃过表皮像苏打饼干一样酥脆的包子吗？

皮酥脆，肉嫩鲜，很多新疆的汉族人嫌传统做法（掺了羊尾油和羊肥肉）比较肥，可以吃纯瘦的。一般出名的烤包子摊，都要排队，大家在大雪中排队等着刚出炉的烤包子，雪里飘舞的都是令人忘记寒冷的炙烤肉香。

新疆之外吃到的烤包子，大多用烤箱或者明火烤制，先不说内馅调制，单单说外皮，少了封闭热力焖烤，要么松软湿塌，要么焦糊梆硬，没有一次让我觉得能直呼"是这味儿"的，甚至有的地方用发面包子烤脆外皮充当新疆烤包子，一端上来我就已经开始生气了……

03 你肯定没听过的油塔子

油塔子是新疆丸子汤的灵魂伴侣。

丸子汤汤底是牛骨头熬制的高汤，丸子是新鲜牛肉入料，炸熟（有的是氽熟）炖到汤里，配上冻豆腐、粗粉条、粉块、鲜蔬菜、香菜等，算是新疆美食中比较清淡的存在。

丸子汤的灵魂搭配"油塔子"是一种羊油或牛油做成的面食，长得像花卷但质感完全不同。油塔子合格的标志是拎着"塔顶"可以带起整个油塔子，一层一层地垂下去不断。在新疆，吃一碗朴素版的丸子汤一般18元左右一份，另外赠两个油塔子。

你问口感？

每一层都薄如蝉翼的丸子汤灵魂伴侣——油塔子

汤鲜味美丸子嫩弹，冻豆腐薄脆丰盈，蔬菜放啥啥好吃，油塔子松软清香，高潮一定是油塔子泡汤汁！一碗入魂！要不是怕胖以及有人拦着，我可以用油塔子泡汤汁，直到丸子汤被吸干！

前两年新疆很火的金莹丸子汤开到了北京，我专程去吃。结果店家端上来丸子汤配了花卷，当时我的失望之情溢于言表，闷闷不乐吃完全程，这大约是新疆人才会有的小情绪吧。

04 一碗到春天的扁豆面旗子

扁豆面旗子是新疆的回族人独有的传统佳肴，属于汤饭的一种，面旗子就是切成小拇指甲盖大小的薄面片，小小尖尖犹如雀舌，所以也叫"雀舌头饭"。以前条件不好，汤里只放黑色的扁豆、土豆丁，加入汤中煮熟，也叫"贫民饭"。现在生活好了，增添了羊肉、香菜、西红柿、土豆丁，汤还是羊肉熬的，很浓郁，扁豆小小的粒，但是很绵软，面旗子很劲道入味儿，偶尔吃到土豆丁、羊肉丁和西红柿丁的时候，会感觉舌头在探险，整碗汤都透着鲜和暖。

看看像不像雀舌头

由于是羊肉汤，汤里还有不少胡椒，所以凉得很慢，大冬天吃，先喝两口汤，再挑扁豆、面旗子慢慢嚼，口感特别丰富。

记得无数次新疆下大雪的时候，我自驾出差去办事，出发前在家门口的胡子王嗦一大碗扁豆面旗子，到了目的地胃里还是暖暖的。

不赶时间慢慢吃，花半个小时吃到见底，眼前会看到春暖花开、牛羊满栏。

至于羊肉我就不细分了，但我就说一句：但凡宣称是新疆烤肉却在上面刷甜面酱的馆子，都是在耍流氓！

正宗的新疆烤肉，只要选用的是正宗的新疆羊肉，处理的时候就只需要泡泡洋葱水或者裹鸡蛋液，烤的时候，一般只撒盐、辣椒面和孜然粉。其他多余的佐料，都是不明真相！

至于现在满大街都是的新疆大盘鸡，我可以很负责任地说：但凡用的不是色泽鲜红、皮薄肉厚的安集海辣皮子，出来的就不是本地味道。

061

为了这口味道，我还曾经历过几次惊魂事件，这个后面咱们再聊。

至于知名度更高的拌面、炒米粉、椒麻鸡、乳制品，倒是随着食品加工、储存和网购

新疆烤肉基本没有那种细圆的铁签子，都是这种扁长的铁签子

心心念念的红柳烤肉，签子是用红柳枝条做的

行业的发展，渐渐都可以吃到差不多的了，唯独上面我提到的这几样，是我离开新疆时，没想到再也吃不到正宗味道的新疆美味。

正是因为对这些口味的怀念，我在知乎写下了第一篇有感而发的新疆美食文章，标题就叫"觉悟吧丨新疆那些真正的好吃的，你根本都带不回来！"，没想到当天直接收获 5000 赞。

那一晚，我看着不断增加的数据，才知道也许我并没有离开新疆，新疆只是换了一种方式，在我的文字里，在我的厨房里，在我的味觉记忆中，一生陪伴着我。

第三章 土豆泥·那一刻来临你会被『通知』

一 当兴趣变职业！美食平台运营成长记

结束创业后，我并没有马上成为一名自媒体人，要知道那时候我才刚刚到北京一年多，有份收入稳定的工作很重要，而且那时候的我还根本没想到自媒体可以赚钱。

但我也说过，虽然并不刻意，但命运里的每一个选择似乎都在为我的将来铺路。

其实换个思路想想，也是我的每一个选择塑造了今天的我。

01 创业人 VS 运营人，思维再次转变

创业之后，我的选择是重新变成一个打工人，但我决定丢掉以往的职业经验，直接从广告人转为运营人。

照理说，转行并不容易，还好我创业时期认识的投资人相信我的能力，帮我做了引荐，让我如愿以偿地进入了一家头部美食互联网公司从事内容运营的工作。

跟刚毕业时的广告人职业类似，这是一份我发自内心喜欢的职业，我记得每天我都是很开心地去上班的。

但开心归开心，工作还是相当烦琐的，挑战也更多。尤其当时那个平台刚刚拿了融资，业务从其他城市拓展到北京，正好遇到手机 App 和电商大爆发的阶段，所以卡在重要的转型期，需要

从纯内容平台转为内容电商,产品形态也要从单纯的 PC 网页模式延展到手机 App 端。

于是平台的运营团队分成了两个团队,原本的运营团队负责网页端内容及老达人运营;而我们新的运营团队负责手机端内容部署及新达人的拓展。而我作为新运营团队的负责人,还要经常参与到 App 开发工作中去,为新产品的开发提需求和意见,充当半个产品经理的角色。

这里面的每一步其实都不是我的老本行,都需要我重新学习。尤其怎么从原有的海量内容里寻找和提炼出更易传播的内容,让刻板的菜谱内容带上更多个人化的标签(塑造平台达人),赋予美食更多的社交属性(提高输出活跃度),从烹饪过程中产生更多的购物需求(配合电商),也就是说,让整个平台的内容呈现从"工具化"到"有趣"。

这是一段辛苦、琐碎但极其重要的磨炼。

如果说做广告人时候我锻炼了做自媒体人的心理素质,那么在这个阶段,我学会了跳出自己的创作舒适圈,完成了从兴趣到职业的转变。

当美食是兴趣的时候,我考虑的是"我要写什么给读者看";而当美食是职业的时候,我需要考虑"读者想看什么我来写"。

这其中的区别,其实就是从创作者思维转变到运营者思维。

前者是将自己的优势最大化,去触动读者,没问题,但会很慢,除非你是什么旷世奇才,能快速引发共鸣;而后者是"顺势而为",

效果前置、目标导向，以最小的力量去撬动流量。

可能很多创作者会觉得后者是一种从众或者牺牲自我，会丧失自己的特色，这就是很多创作者初期会跟自己较劲的地方，但其实"保持自我"和"顺势而为"并不矛盾。只不过一个讲的是内容和表达，一个讲的是选题和角度。

举个例子，同样是年夜饭的筹备，当你还是一个初级创作者的时候，想的一定是你会做什么好吃的，然后尽可能精彩地呈现出来，帮助大家完成一顿年夜饭。也许你会写红烧肉的做法，你的内容关键词就是"年夜饭"和"红烧肉"，那么读者只有检索这两个关键词的时候才有机会看到你的内容。

02 什么是具有运营思维的美食创作者

有运营思维的美食创作者会首先思考自己发布的内容如何脱颖而出。

一看内容的独特性。

比如我们的平台，作者都是有一定烹饪水准的人，简单上个红烧肉做法意义不大，会被淹没在海量同质菜谱里，就算被看到了也未必会记住你。

所以你的红烧肉一定要有特色，比如"最不像肉的红烧肉""不用洗锅的红烧肉"等，都是你的特色，是让你的内容区别于其他菜谱的关键点。

二看用户的需求点。

还是我们平台,受众普遍年纪偏大一些,他们的关注点除了烹饪之外,也非常关注健康和省事儿,这其实是一个隐藏的需求,很多人在准备年夜饭的时候会暂时忘记自己这个需求,如果你在创作的时候体现出这一点,就会脱颖而出。

比如突出"三高人士也能放开吃的红烧肉""不用油的红烧肉""电饭锅零失败的红烧肉",就能分别精准命中"三高"人群、减肥人士和新手人群。

而就算不是这几类人群,也会更乐于接受更健康、更方便、更有记忆点的做法。

三看个人的表达。

前面说的按需创作并不会影响你的个人特色就体现在这里了。

你的特色是步骤详细?语言诙谐?图片精美?还是故事性强?

这都没问题,跟上面两点结合都不影响你的表达,反而会成为很好的个人标签。如果前两步的作用是让大家注意到你,那么特色化表达的作用就是让大家关注你。

四是加入互动属性。

很多创作者在表达时习惯"完美表达"。意思就是内容表述得滴水不漏,完美、严谨、不偏不倚,但是话都让你说完了,你让读者说什么呢?除了内心默默鼓掌和手动收藏,没有互动的切入点呀。

很多平台是会将点评赞都算在互动分里的,互动指数越高,证明内容越受欢迎。所以你可以看到微博上很多人经常发布有争议性的内容，引导粉丝在评论区吵架，以此获得超高互动量，博主本人可能根本不站哪个立场，但是他知道这样表达非常有效。

当然我向来不鼓励这种做法，毕竟内容生产者是要以输出有价值的内容为底线的。但是美食类的内容也想要互动，该怎么办呢？

你可以提问：

"有人说多放一倍的冰糖会更糊嘴，大家有试过吗？"

你可以求证：

"听说这是南方的做法，有没有南方的小伙伴来讲讲？"

也可以小小"引战"：

"我喜欢配米饭吃，我媳妇非要配馒头，我觉得她不懂红烧肉。"

看，每一种表达都是可以让读者表达自己观点的"邀请函"，任谁都能说两句，这样做互动量就会比简单结尾要强。

上面几种思路是我在翻阅和精编平台内大量内容时总结出来的规律。其实很多作者的内容里已经具备了这些特质，但没有去强化这些特点，导致读者必须要非常用心地去阅读才能发现它们的差异点。而具备了基础运营思维的达人们，会将这些信息点提前放置甚至做成标题和头图，用最短的时间吸引住读者，就能获得高于原来几倍的数据。

这也是我在大量重复性工作中总结出来的规律，是量变引起的质变。打算要做自媒体的人，未必能有我这样的机会去锻炼，但最基础的重点我已经在这里总结出来了，大家带着思考去翻阅别人的内容时，一定会有更多的发现。

餐桌上的四季变换积累出的数据库

随着我对站内海量内容的梳理，我对美食创作者的认知也在一天天被刷新。

刚做运营的前半年，与其说我是在主动运营，不如说我是每天带着新鲜感，去见识和学习着站内达人们的内容产出节奏和方式。

01 没有人押题完全靠猜

以前我不明白达人们是怎么做到永远都能从容不迫地准备好应景而优质的内容的。

你看：

> 春天的菜市场上才刚刚开始出现香椿的时候，达人们就已经提交了香椿的 N 种吃法；
>
> 端午节还没有开始，达人们已经在传授剩粽子的处理方案了；
>
> 冬天才飘下第一片雪，冬储菜的内容就已经量大到我可以随便出专题了。

就算从读者身份，大家大概也能体会到——我们还在寻思今年要不要去春游时，网上已经有 800 种快手野餐攻略了。

当你初为创作者的时候，这种发现给你更多的是力不从心。

每当换季、节日真正来临，站内的运营开始筹备应季专题的时候，你会发现达人们早早就准备好了内容，押对了题，准确快速到让新手以为有什么内幕。

比如平台忽然开始征集小龙虾的相关内容，你刚刚还在想去哪儿买食材的时候，发现你的同类账号已经捧出小龙虾三吃的视频了，这种感觉就像是你还在起跑线上准备呢，起跑枪声响起，你一抬头，别的选手已经在终点向你挥手了。

流量肯定首先倾斜给第一批产出优质内容的人。

在开始做美食运营之前，我觉得他们肯定提前知道答案。确实，很多平台会有内容筹备的社群，用于早一些收集主题内容。但你会发现，就算你跟他们同时获取了信息，还是没有人家稳准快。

真相就是他们比你知道答案的时间更早些，所以才总能押对题。但这个答案不是运营告知的，而是来自他们脑海中年复一年积累出来的数据库。

四季变换、冬去春来，是铁打的自然规律，也是达人们创作的重要节奏准绳。

在这个领域认认真真耕耘上一年，稍微用点心就能知道每个季节、每个月甚至细化到每一旬大自然的主角有哪些：

> 春天的青团、榆钱、槐花、香椿、青梅、苋菜；
> 夏天的粽子、黄瓜、生菜、番茄；

> 秋天的汤圆、莲藕、莲子、菠菜、花椰菜、大白菜；
> 冬天的饺子、土豆、萝卜、卷心菜。

在普通人眼里，这些蔬菜是每个季节都会无差别存在的，但是在经验丰富的达人心里，它们只会在各自最好的季节和节日被高频提及。

所以他们会在端午到来之前的两周就着手准备粽子相关的内容；在荷花刚刚落败的时候就拍摄糯米藕的制作方法；在中秋节到来的前三天，已经发布了自制月饼的N种方案。

你说这难吗？

不难，好好生活和记录一年，就能洞察这个节奏。

但要说简单，隔行如隔山，如果你是个外行或对此缺乏兴趣，光追这些大自然赋予的"热点"就足够琐碎了。

所以至少在创作领域，快节奏永远是建立在大数据积累的基础上的。

有些快是因为慢慢积累过，而那些无法快进的慢节奏，正是日后让你快人一步的保证。

02 最彪悍的执行力叫习惯

运营的另一大感受就是：达人们怎么会有那么充沛的精力去更新呢？

你可能无法想象一个年近50岁的达人，在每天正常生活、工作、社交甚至教育子女的前提下，还能做到日更。

早期的达人们，压根没有自媒体的概念，更新都是靠爱发电，也没有那么清晰的实现收入的路线，更没有什么上头的粉丝日日催更，但他们就是能保持相对稳定的更新节奏。

哪怕那些日更只是简单的菜谱图文，也需要每天占用掉至少1个小时的时间，更何况还有制作过程，还要保证每天的内容尽量不重复，图片尽量精美。

是的，我知道热爱是最好的动力，但那是精神层面的，而落实到实际行动，他们是怎么做到的呢？

碰巧我们当时每周有一个达人深度访谈的专题，会选择站内一些知名度高的达人去采访，方便塑造达人更立体多元的形象，于是每次我都会夹带私货地让人去问这个问题。

得到的答案自然是不相同的：有的是利用早起后跟家人的时间差完成前天素材的精编更新；有的是饭后孩子在写作业的时候顺手更新；有的是没有午睡习惯，干脆每天写点啥。

但是他们的共同点都是：习惯了。

习惯是一种无须用意念去驱动的肌肉记忆，是非常可怕的执行力。

> 习惯了把值得记录的步骤拍下来，时间长了，手机存满了，需要有人帮忙全部导出来才能开始下一阶段的拍摄；
> 习惯了成品出锅后先不动筷子，而是先端去专门拍摄的

> 地方，那里往往是达人们用鲜花和漂亮的桌布布置出来的小小角落，时间长了，读者凭借桌上摆设就能知道是哪位达人的内容；
>
> 习惯了每天的更新，在不自觉的时候就已经打开后台，开始编辑内容。

也许烹饪中拍摄会让你比日常烹饪多花 20 分钟时间，成品拍摄会让你比直接开餐多花 10 分钟，内容编辑和记录会让你每天多花 1 个小时，加起来可能是 1.5 小时，不算短，但也绝不是每天挤不出来的时间。

而正是这每天多付出 1.5 小时的习惯，让他们渐渐脱离了日常记录的范畴，从一个普通的记录者成了小有名气的美食达人。

03 没有完全无痕迹的爆点

一个能被大家知晓的达人，通常都是有代表作的。而这个代表作的诞生，往往也是借了当下热点的势头。

那么除了脑海中大数据库带来的更新定律外，达人们又是怎么判断哪些元素会成为爆点的呢？

靠的是异于众人角度的观察。

当你长时间关注某个领域的时候，你的注意力会跟其他人不同。

比如我学建筑的朋友跟我们一起去旅行，我们在疯狂购物的时候，他会站在大厦廊柱下研究建筑的线条结构。而我因为从事过多年的公关策划活动，所以哪怕在看春晚的时候，都在思考他们各个环节是怎么衔接、怎么做到精准推进流程的。

美食达人也一样。

当年蛋黄冰激凌刷屏，大家纷纷感慨怎么咸味雪糕也这么好吃的时候，达人们已经在尝试蛋黄鸡翅、蛋黄薯条、蛋黄青团啦！果然，当年咸蛋黄食品整体大爆，连肯德基、汉堡王都相继推出了咸蛋黄系列产品并保留至今，出过相关内容的达人们多少都涨了一波流量。

而北京冬奥会的冰墩墩"一墩难求"时，这边各种冰墩墩饼干、冰墩墩馒头甚至翻糖冰墩墩教程就集体上线了。大家也都看过类似的内容并顺手关注了几个让自己惊叹的美食达人吧？

你当然可以说这都是蹭热点，但蹭的前提是你有足够的积淀。比如，当年的咸蛋黄青团，就是在春天吃青团的传统前提下，加上咸蛋黄口味会受欢迎的预判，再加上快速执行和足够的烹饪经验，达人们成功蹭到的当年春天的一个热点。

三 凑指标凑出的人生初 IP

在第一章的时候我提到过，得益于大量及时的反馈，我培养了最重要的"网感"。其实我最早的美食自媒体尝试，也是从这个阶段开始的。

说起来，这还要感谢当初一次次的赶鸭子上架。

01 赶鸭子上架：开启多重模拟人生

当时我们平台站内的老达人们，每一位都勤奋热情，又几乎是我国最早一批将家常美食烹饪变成个人内容的人，所以年纪普遍偏大。这其实是美食创作的一个优势，因为他们有更丰富的经验，产出的内容也足够有说服力。

但这同时也会产生阻碍，因为他们并不是全职，创作全凭热爱和站内一些很小的奖励，所以商业化程度很低，这会让他们禁锢在一种对他们而言最省力气的创作习惯中。

比如一道美食，就是一个菜谱，开局一张成品图，寥寥几段介绍文字，紧跟详细或者简略的步骤图，最后是一些注意事项。这种表达方式清晰、简单，让他们拥有了一大批稳定的关注者，构建了平台稳固的日活，并认可我们平台是很好用的菜谱平台。

但恰恰"菜谱平台"这个工具化的定位，成了我们各项数据的瓶颈，使得我们的用户打开、留存和阅读时长方面在很长时间内都稳如泰山。

我们新运营团队的任务就是要打破这种"稳固"，寻求新的增站点。这个任务的完成对外依赖推广方式的优化、推广渠道的增加，借此实现新用户的下载量和注册量；对内则依赖内容的变化和互动，提高新用户的打开频次。

翻译一下就是，之前的内容可以让用户在有烹饪需求的时候想到我们并打开，那么现在我们需要做的就是让用户在非烹饪时间也会忍不住打开看看我们的内容。

为此，原有的运营团队不断地思考有趣的运营主体，吸引达人之外的用户参加；而我们新运营团队的重要工作之一就是引入新的达人，其实也是想引入一些不同的风格，看能不能形成鲶鱼效应。

我记得我们团队当时的KPI之一就是每周去签约上百位的站外达人，给到的权益是站内流量扶持，而达人们仅需要授权同意我们将他们的内容同步过来。

这是一个减速度的工作。前期非常容易签约到大批优秀达人，但速度会越来越慢，毕竟全中文互联网优秀的创作者是有限的，很快就能挖掘完。而这时候同步来的内容还根本不够支持我们新的推广和改变站内内容调性，更别说引进达人的运营重心根本不在我们平台，我们只是拥有他们内容分发权的"外人"。

所以我们必须要自建账号。

自建账号的方法是开一些虚拟的内容账号，每个账号对应一个垂直领域，账号内容由运营撰写和更新。KPI压力最大的时候，我们每个运营都需要同时运营5个以上的账号，而这些账号的内容都是需要日更的。

那真是一段疯狂的时期，每天在发展新达人的时间之外，大家都在埋头更新更新更新，一会儿变成日料达人撰写寿司品种科普，一会儿变身辣妈编写高颜值辅食教程，每天都在体验不同的人生。

② 自我疗愈：我需要写更多的字

照理说，我是没有精力和动力在这个阶段去做自媒体尝试的。但别忘了，我是个有着旺盛表达欲望的人，这种欲望是无法通过"命题作文"去实现的。

比如上小学的时候，老师会要求同学们每周交周记，但大家懂的，这种周记本是不可能真正当成自己的心事本去写的，毕竟老师要批改。但我又很爱表达，怎么办？我就自己另外准备了一个本子，天天写真正意义上的日记。这样，每周上交的周记只能算是作业，而自己的日记本才是承载我旺盛表达欲和心事的树洞。

现在也一样，日复一日的规定动作不但没有耗尽我的表达欲，反而让我更加想丢掉一切制约，写自己风格的文字。

于是我自己创建了一个公司维护账户之外的个人账号：餐桌奇谈。

看名字你就知道了：美食相关，有趣的内容。

当时我的烹饪水平也就是个普通人，虽然经历了近一年的美食运营工作，但"996"的工作节奏让我的美食经验仅限于理论，实践的时间非常有限。

但我大约骨子里是真的爱美食，所以一到周末就会把这一周给我留下深刻印象的美食内容实践出来，而过程中，作为一个新手，我会产生很多很多奇怪的问题：

> 为什么油锅总爱伤人?
> 为什么我炒的冬笋这么苦?
> 为什么土豆这么乡土的东西能做成甜品?
> 炸东西为什么总要炸两遍?
> 番茄炒蛋到底要不要放糖?
> 牛奶怎么就变成了奶油那样蓬松香甜的样子?

虽然经验丰富的达人们会告诉我详细的操作办法,但也正是因为达人们的经验太丰富了,他们会忽略很多新手的"为什么",不去解释原理,而是直接上教程。这些并不能满足我。所以我会额外去查询一下原理,或者格外关注会将这些原理写清楚的人。

而我又是内心戏非常足、对外界感受极其敏感的人,厨房里的一切在我看来都像有魔法,会发生很多让我惊喜或者惊吓的化学物理反应。于是每次实践完,无论成功还是失败,我都把实践过程中触动我内心的点全都记录下来,就形成了看上去有点意思的文风。

比如我写第一次尝试鲜奶小方:

> 当小桌儿第一次吃到椰丝奶冻,或者叫椰奶小方的时候,真是春风拂面,从口腔到脖子到……
> 像是被白玉般细腻又微凉的手抚摸了一遍又一遍……
> 像是躺在海南的沙滩上……
> 椰林树影,水清沙幼……
> 唉,每次描述起来好吃的,都觉得自己是个被撩的汉子……

这段描写至今还挂在我知乎主页的置顶回答里，因为这基本奠定了我早期的写作风格，最终成为我极具特色的写作风格——段子菜谱。

这种类型的内容，都被我放到了个人账号"餐桌奇谈"里，上传到我工作的平台作为首发，同时因为当时我比较沉迷于知乎，所以会顺手同步到知乎。很快，我的更新就形成了习惯，能够在完成日常高强度工作之外，还能保持一周2~3更的频次，而这个"业余爱好"是得到了公司支持的，因为我同时也是在为公司的平台贡献优质内容。

当时我当然想不到，这个兴趣所致的账号成了我自媒体道路的重要开始。

四 速度与激情：被关注的初体验

其实"餐桌奇谈"这个账号刚刚开始做的时候，我的初衷跟之前在任何平台写字的初衷都一样，就是找一个方便表达的方式，借此安放我蓬勃的表达欲。只是这次有点"假私济公"，我的爱好可以同时帮公司解决一点内容流量的问题。

只是我没有想到的是，之前我的文字要么更新在完全的私域流量平台，比如公众号、QQ空间，要么更新在受众爱好极为分散的公共平台，比如微博，所以除了朋友和极个别偶尔看到的游客，很难形成二次传播。

而这次不同。我的内容是垂直美食向，又发布在了已经被精准筛选出来的美食爱好者聚集的平台上，而我的风格又极大地区别于其他人，天时地利人和的三重机缘，让我的账号很快就被注意到了：

> 好有趣的作者，哪怕不会做饭只看内容都很想看。
> 绝了，菜谱还能这样写，哈哈哈哈！
> 作者一定是个热爱生活的可爱的人。
> 哈哈哈哈，我感觉我在看段子。
> 这个餐桌奇谈是哪个平台的呀？

当这样的评论陆陆续续出现在评论区的时候，我觉得有个次元壁忽然被打开，像是被丢进了一个陌生的人群，而这群人似乎对我很感兴趣。

这是从未有过的感受。在那个靠内容赚钱还完全没有形成趋势的阶段，仅仅是关注者的忽然增多就足以让我兴奋。

紧接着，我开始把内容同步到知乎。

其实在那之前，我在知乎是有个自己的专栏的，叫"掀桌奇谈"。看名字就知道，大约是杂谈、时评、吐槽类的，每篇文章也有寥寥十来个赞，但我依旧乐此不疲。

01 传说中的"一觉醒来"

我记得非常清楚，我第一次在知乎专栏同步的美食内容是一篇关于"肯德基土豆泥"做法的文章，标题叫《有了这碗土豆泥，还去什么肯德基》。

当时我同步完就去睡了，完全没有意识到那晚会是转折性的一晚。

第二天起床后，我惊呆了，我发现知乎页面的"点赞""评论"和"关注"三个按钮后面都有个显眼的数字——99+。

是的，那篇文章"爆"了，当晚就收获了上千赞和几百条评论。而我的知乎粉丝，之前两三年也不过几千人，而在那一晚，就翻倍了。

我怎么都没想到，2016年的知乎，一个一向以输出专业知识、硬核分析问题，甚至典型用户画像是理工男的问答平台，我的这样一篇文章会爆火。

然而事情就是这样发生了。

我兴奋、开心、自豪，也会紧张、焦虑和不安，因为毕竟那里是知乎啊，是一个稍有不严谨就会被连杠几百楼的较真平台。

但我也模模糊糊意识到：机会可能来了。我那时候根本没想到靠内容赚钱，但哪个内容创作者不希望自己能拥有越来越多的关注者呢？

所以那段时间我就跟打了鸡血一样，仅仅用了短短半年时间，我的知乎粉丝就从几千涨到了8万，同步开启的公众号也积累到了4万垂直粉丝。这个数据在现在看来不值一提，但是要知道，那是2016~2017年，拥有十万粉丝已经算是有初步的成绩了。

02 我做对了什么

● 我保持了超高强度的更新

日更已经不能满足我的创作欲望了，我经常会在公众号上更新一篇内容，知乎上除了专栏同步外还会再更新一些问答，这对于当时"996"的我来说是一种巨大的精力和体力消耗，还好我的更新灵感和成果一大部分都是来源于工作又反哺给工作的，所以并不会有明显的冲突。只是这部分额外的工作，得到的奖励不是体现在工资上，而是体现在了粉丝增长上。

美食类的更新是需要配合美食烹饪和拍摄的，而我哪怕是晚上十点才到家，也会进厨房尝试烹饪一道菜出来，然后第二天利用午休时间完成修图、编辑和更新。到了周末更是会一次性准备出3~4篇的拍摄素材，防止工作日哪天无法拍摄造成断更。

这是我做的第一个正确的举动，保持强且规律的更新节奏绝对是新手起号阶段需要遵循的规则，在那个付费推广还没有流行的时代，高频次更新能让你最大程度触达粉丝，也可以让平台更快发现你。

● 我保证了内容的绝对垂直

"找到好用的方向后就一直复制，直到不好用了为止。"

这是很多年后我看到别人的运营课堂上不断提到的内容技巧，而在多年前，还不太懂这一切的我，就已经在这么做了。

美食内容让我有了第一篇爆文，于是我就篇篇写美食，从段子菜谱到搞笑测评，再到美食小剧场，几乎篇篇不离美食主线，篇篇爆火。

这中间也不是没尝试过去更新或者回答其他领域的问题，虽然效果也不错，但每个非美食的内容下都会冒出来一排排的催更信息："你怎么跑这来了？菜谱呢？"

于是我踏踏实实地更新了半年的美食内容，知名度慢慢打响，逐渐开始有人在别人的美食内容下@我，我也开始在"知乎上有哪些值得关注的美食答主"这类问题中被屡屡提名。

在我的坚持下，"有趣的美食内容＝餐桌奇谈"的认知渐渐被建立了起来。

● 我贯彻并强化了个人风格

我深知自己的烹饪水准根本就拿不出手，尤其跟科班出身或江湖中真正的大师比起来，我的内容和菜谱建议看上去更像是新手指南。

但也正因为这样，我的内容让很多对下厨敬而远之的人重新燃起了希望，他们说："大厨们的菜谱我一看就知道我不行，而你的菜谱让我觉得我好像也可以试试。"

当我看到这样的评论时，忽然就找到了自己存在的意义。

原来哪怕是在知乎那个当年如此严肃严谨的平台上,大家也希望看到一些自己看了就能学会的信息,也希望有通俗易懂、深入浅出的信息能被自己学以致用。

而我段子菜谱的定位,正好能够化解厨房新人们的心理障碍,让他们觉得下厨这事儿也可以很好玩。

● 我积极参与了几乎所有互动

刚刚"火"起来的创作者们都是很活泼的,愿意跟每一个关注者互动,我也不例外。

知乎上的评论太多,我来不及挨个回复,但是同时期开的同名公众号当时已经有了评论筛选功能,这让我必须去看每一条评论,而我几乎会回复每一条评论。

因为那个时期我的心情和状态都是真的好,所以回复的内容经常很有梗,这让粉丝们十分开心,觉得这个人怎么这么有趣。写文的那个人像是在台上,而评论的这个人像是走到了观众席跟大家互动,这让大家都感觉十分亲近。其实当时我频繁互动只是觉得好玩,但现在看看,这也是增强粉丝黏性的重要技巧。

其实当时第一次正经做内容,没有人教给我该怎么做,现在总结起来,发现当初我的每一步居然都正好做出了"对的选择"。

你说完全是因为我运气好吗?也许吧。但别忘了我一直在说"热爱会让你做出对的选择",所以现在才开始做自媒体的人,当然可以有涨粉、挣钱的目的,也可以给自己定下三个月出成绩的目标，但一定要明白：当你真的热爱一件事时，散发出的气场才会吸引到别人。

五　聪明的海绵：陌生人的善意与恶语

当我有了人生第一次真正意义上的爆文之后，接踵而来的是海量的陌生人出现在我的粉丝列表里，当我第一次看到自己的内容被这么多人关注时，第一反应不是感激，而是惊讶。

是的，惊讶。

我很清楚地记得，我当时跟朋友说："我好想挨个采访一下他们——你们是谁？你们从哪儿来？你们为什么会关注我？"

当写下的很多片段都被粉丝在评论区提及，甚至会呼应到很久之前我文章中写过的细节时，我就知道，他们是真的喜欢我，甚至去翻了很久以前我写的文章，这让我更加惊讶：我何德何能，能获得大家如此细致的关注。

惊讶之后，便是感激。那些温暖的鼓励、有趣的互动、长串的分享，在那段时间成了我的鸡血，让我保持了前面所说的高强度的更新和互动，而他们的认可，也鼓励了我坚持自己的风格。

时至今日，他们其中的很多人，到现在已经变成了我 6 年的老粉，昵称我都记得很清楚，我是个很不善于回馈粉丝的人，但对我而言，他们真的很重要。

01 关注量骤升的背后

当然，任何事情都是一把双刃剑，在我获得大量关注的同时，一些之前根本没机会刺痛到我的声音也出现了。

评论区每天都会出现一定比例的质疑甚至谩骂。

很奇怪吧，我跟朋友聊起来的时候，他们也会很奇怪：你一个写美食的，为什么会有人骂你？

其实也不算是骂，只是会有很多传统厨师来教我做人，也会有些性格偏严肃的人来直接批评我的文风：

> 你这种做法就是误人子弟；
> 写菜就写菜，废话那么多；
> 你到底会不会做饭？居然还有这么多人点赞。
> 这都需要教？现在的人真是啥都不会做了。

看，不但质疑我，连我的关注者都一道儿被质疑了。

更别提每次更新一篇文章，评论区都有人来跟你斗法：

> 你这样不行，肯定难吃，我跟你说我是怎么做的……

每次还要与根深蒂固的食物相克学作斗争：

> 作者这么写害人不浅，黄萝卜和白萝卜一起吃是会中毒的。

说真的，在成为一个美食创作者之前，我不知道人们的认知差异居然这么大，也没想到同样的内容，有的人喜欢到追着催更，有的人厌恶到隔着屏幕都要教你做人。

所以那段时间其实是有点害怕点开评论区的，要知道，当你性格敏感又较真，非常在意别人看法的时候，你就像一块干瘪的海绵，而海量评论就像是海水，当它们向你汹涌而来的时候，你会瞬间被填满。

那时候我自己留意过比例，如果说 10 条评论里出现 2 条刺眼的内容，我那一天的心情大概率会变差，而且关闭手机电脑后，那些恶评总会在我脑海中反复出现，让我不安甚至失眠，而那些友善的、鼓励的信息被挤了出去。

也就是说，我这块海绵经过一段时间放置后，孔洞里留下的全是负面信息。

02 被一条评论点醒

一开始，我总想着努力去解释去澄清，总觉得是自己哪里写得不清楚让人误解了，所以热衷于亲自下场解释和争辩，甚至一句话说不明白就敲另一段话，直到有个人说："别人都不会像你这样非要争辩清楚，所以你是不是被戳到痛处了？"

啊，那么别人到底是怎么做的呢？

恰好那段时间我有机会认识了一个搞美妆内容的小姐姐，她在我眼里其实不算那种严格意义上的大美女，但是她举手投足间非常自信，在短视频内容刚刚兴起的时候，她算是第一批从图文内容直接转型到视频内容的创作者之一。

我特地去看了她的内容，她在视频里侃侃而谈，边聊天边教大家怎么化妆，从素颜暗淡无光的样子到妆后的光彩照人，全程都流畅自然，没有任何的畏缩。

我印象很深的是，我们认识不久后，她接了一个汽车的合作，视频内容是在车里化妆。那阵子她刚刚有点晒黑又胖了点，车里的光线又完全无法给颜值加分，加上汽车的受众大多数是男性，所以那条视频底下的评论真是恶意满满。

说她丑说她胖的比比皆是，甚至有人直接@品牌方，要求下次换个漂亮的小姐姐合作。

说实话，以我当时的心理素质，那些恶评如果是出现在我的评论区，我大约会连夜销号吧。

但是她似乎完全没有受影响，照常更新互动。刚开始我以为她根本没看评论，因为其实很多不好的评论是可以删除的。

但紧接着，我发现她会去回复一些中立的、称赞的评论，这说明，所有的评论她都看到了。

我很惊讶。

> "你为什么不去删除一下恶评？"
> "这算啥，你没看我刚开始的视频，骂的才叫难听呢，但是我根本不在乎。"
> "你怎么做到不在乎的？"
> "他们又不能爬过来打我，我理他们干吗？"

> "那你心里不难受吗？"
>
> "那不是还有那么多喜欢我的人吗？为什么要只看到不喜欢我的人，忽视喜欢我的人。"

我忽然醒悟！

这么久以来，我竟然被那不到两成的不喜欢我的人影响了整体的状态，这对剩余八成喜欢我的人来说，是多么不公平啊！

更重要的是，哪怕只有少数人喜欢你，也说明你的内容是有价值的，帮助到了他们，而那些不需要你内容的人，无论你怎么换花样，他们都不会认可你的。

而且，很多人的负面表达，就仅仅是为了表达，他们甚至不会想到这些言语会伤害到你，更想不到你会专门去跟他互动。

这样一想，较真的我似乎成了那个主动迎接伤害的人：明明能躲过去的箭，我非得空手接了，还想要扔回去。

总之，从那次对话后，我虽然还不能发生戏剧性的转变，做到完全无视评论区出现的恶意，但是渐渐地，我学会了做一块"聪明的海绵"，主动吸收大家对我的喜欢和有价值的建议，而那些没来由的指责，我尽量做到"看过就忘"。

就像海绵也有吸饱水的时候，当你吸收的都是有益信息的时候，负面信息自然侵入不到你的身体中。

而那个美妆小姐姐，后来凭借着勤奋的更新和不断的学习，入驻B站一年后就成了百大UP主；第二年，因为跟一家知名品牌合作的机会，单人巨幅海报更是被挂在了北京三里屯的显眼位置。

当我逛三里屯看到她的海报时，忽然发现当时的那段对话，也是我主动吸收的有益信息，从那天以后，每当我遇到让自己困扰的问题，都会主动找机会与更有经验的人聊聊，因为也许他们的 5 分钟分享，就能带我钻出牛角尖，站在更高的维度去看问题。

六 不忘初心是个技术活儿

在经历了前面说的各种心态调整和变化后，美食创作成了我的常态工作，而随着"餐桌奇谈"内容积累得越来越多，我开始拥有了一批稳定的读者。

这时候的更新就已经不完全是兴趣趋势，而是掺杂了越来越多的"责任感"。

而这种转变来临的速度之快，是远超我的想象的，因为最开始的创作对我而言甚至是一种治愈，但随着更新成为一种任务，轻松感越来越少，压力越来越大，我深感我需要越来越多的动力来支撑了。

我也跟其他有类似经历的创作者聊过，发现大家的创作心态都会随着粉丝量级、平台环境甚至自己的工作生活状态发生变化。一个相对稳定的创作节奏背后，一定是创作者克服了众多不稳定因素，不断地调整心态，不断寻找新的刺激点，才能做到的。而这一切，在成为一个创作者之前是无法体会到的。

我能坚持这么多年，仅凭热爱是不可能做到的。我前后大约经历过四个阶段的心态变化，每种状态的转变虽然没有那么明确的分界线，但我自己能感觉到每个阶段输出的重点和目的都有明显的不同。

01 第一阶段：兴趣驱使

这是最随心所欲的一个创作阶段，也是很多人刚刚开号时的状态。

工作超级超级忙的时候，能够天马行空地写一些文字，对我而言是一种极有效的释放。这个阶段的我根本不在乎看的人多不多，哪怕是在完全没有人看到的地方胡乱敲一篇字，都是自我治愈的每日必备。

这种感觉，就跟有人喜欢睡觉减压，有人喜欢运动减压，有人喜欢K歌减压一样，行动的动力是"我需要"，所以那时候的我极其热衷于写作减压。

所以当时我考虑最多的是写爽了没有，考虑最少的反而是流量，而那也是一段最"无知者无畏"的阶段。现在回头去看那个阶段输出的文字，有太多不专业不严谨的表达，要是放到现在的互联网环境里早就被群嘲了。但那也是我最没有包袱的阶段，所以至今我仍然认为自己是幸运的，当时的环境、心态和经济状况允许我有那么理想的创作阶段，而当输出没有功利心的时候，受众是能感受到的,所以这个阶段也是我粉丝增长最快的阶段。

02 第二阶段:正反馈驱使

很快,当我各平台粉丝累积到大约 10 万的时候,我写的每一篇内容都会有人互动了。

这是一段总体快乐、偶尔掺杂着一些不快的日子。

快乐的来源当然是关注者们友善或者有建设性的留言,有的老粉甚至已经摸透了我的脾气、看得懂文里藏下的每一个梗,会跟我有默契度很高的互动。

比如有段时间我非常不理解为什么我会有那么多学生粉丝,因为按照我的理解,学生是最没有下厨条件和需求的人群,后来问过几个粉丝,才知道他们热衷于把我的菜谱"转给爸妈",然后放假回家就可以点菜。而他们自己,只是觉得我写的好玩,当有趣的段子看的。

所以那段时间我每次写完都会在结尾加一句"别装了,我知道你们不会做的",评论区互动就会很有趣:

> 已经转给男票/女票/闺蜜了。
> 爸妈已经在学了。
> 去我的收藏夹吃灰吧!
> 期期都不落,次次都不做。

可能很多美食作者看到这些会觉得有点沮丧,但我会觉得很有趣，他们未必就真的不会照做，但他们知道这样的评论会被我看到并回复，于是这就成了我们之间的小默契，让我摆脱了创作的枯燥和寂寞。

也正是因为有这个阶段的心态转变，现在的我遇到自己喜欢的作者，都会非常及时、非常直接地表达我的喜欢，因为也许我的一个小小的留言或鼓励，就能让对方坚持更久的时间。

03 第三阶段：责任驱使

任何一个账号的流量增长都不可能保持不变，一定会经历一个平台期。很多人会在这个阶段思考新的内容方向，转换风格，有的人会成功度过这个阶段，找到新的流量增长点，而有的人会一蹶不振。

我也经历过这样的阶段。我记得大约是知乎粉丝 25 万的时候，粉丝量基本不动了，那时候公众号的流量红利期也已经过去，每次内容发出来虽然还能保持相当不错的互动转发比，但是粉丝新增几乎停滞。

我也不是没受到影响，更新速度也在放缓，那是粉丝们催更最频繁的阶段，每次更新后都会有人留言打趣"失踪人口回归""你终于想起来账号密码了"。

说实话，在创作的兴奋期已过、数据增长停滞的那个阶段，我不仅焦虑，还非常困惑："我为什么要给自己徒增这么多压力呢？其他人下班就是下班，娱乐就是娱乐，根本不会惦记更新的事儿,为什么我要给自己找事儿呢?"

抱着这种困惑和压力,说实话有很多次我都想把账号关停或者卖掉。

但是就像我之前说的,热爱是初期最好的动力,而坚持则是阻止你放弃的武器。每次当我看到我更新过的上百条内容,再看看这么多陪了我很久的粉丝,我都会觉得,如果放弃的话,至少会有一些粉丝失望吧,于是就这样一路坚持下来了。

这种责任心,不仅是对读者们的,也是对我自己的。

04 第四阶段:商业驱使

我永远记得正式接到商业推广邀约的那一天。

有一天我刚打开知乎,就看到后台有条私信,是知乎的运营发来的,问我愿不愿意接天猫的一个推广,如果愿意的话,给个报价。

当时我还以为是骗子,反复确认。

毕竟在那之前,我的写作偶尔会有来自公众号文末广告非常少的收入,知乎等其他平台基本都是靠爱发电,也因为我当时的工资不算低,所以从来没把实现收入当回事。

而那时候的知乎,也刚刚开始商业化路线,我甚至都不知道品牌还能这样搞,于是我诚惶诚恐,连报价都不会报,老老实实地回复运营:"你觉得我定价多少合适?"

于是第一篇稿子,800字左右,我赚了3 500元。

这对于那时的我而言,是最直接的认可:

> 读者认可你的内容,所以关注你,看你的内容;
> 平台方认可你的内容,所以推荐给品牌;
> 品牌方认可你的内容,所以愿意为你付费。

这还没完,推广完后没有掉粉,反而会涨粉:
读者认可你的广告内容,并愿意继续关注你。
这对我而言,是最直接、热烈、多重的认可。

我可以毫不避讳地承认,正是这种认可,给了我最长时间的动力,让我一直保持稳定、持续的更新动力。

要做到这一步,你的商业内容和非商业内容一定需要保持微妙的比例,而你的商业内容也要有非常多非常多的写作技巧在里面,这部分我会放在后面详细讲。

也就是经历过以上四个阶段后,我的创作心态逐渐趋于稳定,偶尔波动都不会影响大局。当然,这四种状态并不是完全隔离的,很多时候,我都是处在几种状态交织的情况下。

现在很多人夸一个创作者保持了一贯的创作热情和水准,都会夸他"不忘初心"。但其实,"初心"是一种状态,要想做到"不忘",是需要自己不断调整状态的。任何精神层面的事都需要实操层面的技术支撑,我希望看到这本书的创作者们也能在不同的阶段找到支撑自己初心的"专属动力"。

第四章 虎皮凤爪·矛盾的巅峰是新生

一 隔行如隔山：想要平缓过渡，却差点儿迷路

凭兴趣做的美食内容在无意中开始商业化后，有兴趣，有钱赚，我又很擅长，理所当然，账号的运营就成了我工作之外最重要的事儿。

所以当时我每天的生活非常规律：上班是在办公室里对着电脑敲字，下班回家做完饭、拍完照后，接着在书桌上对着电脑敲字，加班到很晚都不会耽误我的更新。

有句话不是说"下班后的 8 小时决定了你是谁"吗？

渐渐地，我的内容被很多朋友的朋友看到，开始成了他们眼里"做内容很厉害的人"，甚至想要挖我去他们的公司发展。

一般来说，我都是拒绝的。

一方面我找不到比美食更喜欢的领域，另一方面很多人邀请的方向是希望我去担任运营总监之类的职位。在我眼里，运营是技巧，内容是根本，很多邀请的项目还处在初期阶段，这两部分都是欠缺的，希望我去同时补充两者，就是对内容和运营这件事有过高的期待，而我也是没有信心的。

但其中有个项目狠狠打动了我，也成了我后来从事全职自媒体的最重要原因。

第四章 虎皮凤爪·矛盾的巅峰是新生

01 新的机会

那是一个刚刚起步的小说阅读 App，当时的老板算是朋友的朋友，当他辗转找到我的时候，站内已经汇集了上千部作品，几百个签约作者，和已经在正常运作的后台了。当时他们的用户增长方式主要是在应用商店进行付费推广，但是随着获客成本越来越高，他们希望能够通过一种四两拨千斤的方式找到新的用户来源。

于是就想到了新媒体这条路。

在他们眼里，新媒体等于低投入高回报，尤其在了解到我至今都是 0 投入获得了几十万粉丝后，更加认为这种方式可以复制到小说领域，带来新的增长。

我当时看到平台内已经有了大量小说，具备了可操作的基础，似乎跟我正在做的事情有点类似，加上对方的股权和职位激励，我也很心动。

但我也不是没有犹豫的，我最大的疑虑就是：我现在在美食领域的积累，跨行到网文领域会不会不适用？

当时那个老板给我吃了定心丸，他说："没关系，来吧，底层逻辑都是一样的。"

是的，这话一说，你就知道这位老板是程序员出身了。

正好当时平台的新负责人想要从图文菜谱平台全面转型为视频平台，这种不顾平台属性的改版让我们流失了大量的用户，但我一个中层也只能服从。然而，我并不认同这样做法，开始渐渐萌生退意。加上当时我对自己也有新的期待，想要"破圈"，希望发现自己在美食领域内的积累是不是能通用全领域，于是在美食平台工作3年后，我去了新的小说阅读平台负责新媒体的运营。

入职后，我发现我的职业是"用户增长总监"，而不是"新媒体总监"，起初我以为这只是不同公司的不同叫法，但随着工作的展开，我渐渐发现，很多矛盾从这时就开始埋下伏笔。

02 不只是阵痛的痛

入职后，我的工作紧锣密鼓地展开。创业公司为了控制人力成本暂时不打算组建团队，想要等这条路确定切实可行后才考虑扩充人马。因此，前期的账号开设、渠道梳理、媒体库建立等细碎的工作都需要我自己先推进着。

刚入职的第一个月，双方都还在磨合期。但随着工作的深入，我发现我跟老板的预期出现了极大的分歧。

老板希望尽快看到0费用投入的用户增长，最好马上看到爆款内容、引流来大批付费用户；

他的逻辑：内容→用户付费。这种模式的特点是短平快、简单粗暴有效，需要一个账号矩阵和较多的投入资金才能跑起来，是一种"技术+资金"的玩法。

而我根据自己的运营经验，既然是0成本的尝试，就代表纯靠内容去做了，所以我是预留了一段时间的账号成长期的，从各个角度尝试，希望能找到增长突破口；我的逻辑：内容→粉丝→精准粉丝→用户转化→用户付费。这种模式是重积累和复购的，需要用精细化的内容产生爆发，形成 IP，再进行沉淀和付费，仅需要很小的资金投入，但需要一段时间的积累。

看懂没？老板认为内容的发布应该直接带来收益，用户沉淀和品牌不重要，而我希望通过 IP 塑造形成最终的付费。

这两者的运作思路和速度是完全不一样的。

这也就是为什么我对这份工作的理解是"新媒体"，而他的理解是"用户增长"。

这两种模式其实都没问题，但我当时面临的情况是：我要用 0 投入的模式去完成老板模式的产出。

也就是说，我只有很少的投放资金，几乎没有可用的人员，但是要快速实现用户和付费增长。

这就有问题了。

我印象非常深的就是，当时，在别的渠道一天可以烧 3~5 万元做推广时，我这里 1 万元预算要用一个月。而当老板听汇报的时候，得知粉丝增长还是需要资金投入，脸上的失望真的超级明显。

03 方向不对，越努力越孤独

我除了吃力，更多的感受是孤独。因为当时整个公司的成员搭建都是技术主导的，熟悉哪怕是了解新媒体的人几乎为 0，这就导致了很多后果。

● 我没人配合

在我的上一份工作中，因为运营团队存在很久了，技术部门是可以给我们提供很强大的数据支撑的，而在这个全新的团队，所有的技术人员都是在为 App 本身服务，并没有专门给我提供数据的设计。

这就需要我自己提需求，他们拿到后评估优先级，然后做排期再实现出来，这中间通常需要半个月以上，而我的数据又需要实时看结果，我就只能等，或者用笨办法去统计。所以我在公司做运营，回家后做数据分析，入职的前两个月几乎没有在半夜 2 点前收工过。

这部分工作，至少在这个团队，是基本没人能理解的。

● 我没内容可用

在我做美食运营的时候，无论是站内其他达人的内容还是我自己创作的内容，都是归平台和个人共有，我们可以自由统编和发布，基于平台的知名度，达人的配合度非常高。

而在一个全新的平台，其中 8 成以上内容靠采买，而且只有分销权没有所有权，这就导致一个只能靠内容去吸引用户的渠道，其绝大多数精彩内容是不能用于推广的；很多内容分销渠道，比如头条小说等，也因为我们无法提供小说所有权，无法为我们进行平台推广。

更别说，我们家的小说基本都不是独家的，有点经验的读者看到后，直接动动手就能在网上找到其他更便宜的付费渠道，甚至是免费的。

那段时间我经常充满无力感，总感觉自己拼尽了全力，但离成功越来越远。

当时盘点下来，唯一可行的办法就是在各个渠道铺有限的能用的内容里的几条，去卡一些精彩章节设置付费操作，就是大家现在经常看到的那种看到精彩部分就需要付费的传统操作。

但是这种方式，一来需要你花大量时间对免费章节进行浓缩改编，把原先 3~5 章的情节浓缩到 1 000 字左右，这样才能吸引读者对后面内容付费；二来我们唯一打通付费功能的渠道就是公众号，而作为一个新号，在一个封闭的流量池里做推广，在推广费用极其有限的情况下，第一批用户从何而来？

还有一种破圈的方式是老板希望的，找团队把小说内容拍成短剧拿去投放。但同样的，投放需要费用，想要做成足够破圈的效果就需要多花钱去找好的团队，这又是额外的支出，说实话，我本人是没有信心的。

这个问题我在一次全体会议上提出希望群策群力的时候，我刚刚说到"我们的内容送达暂时无法触达更多用户，而从用户关注到付费中间也有非常多的损失"，老板就直接打断了我，说："那说明你内容做得不好。"

那一刻，我把后面的所有计划和汇报都咽回了肚子里，也是在那一刻，巨大的孤独感向我袭来，不被理解的处境，让我暗暗下了决心。

二 做个逃兵,逃避虽可耻但有用

其实在那次会议之前,我就已经意识到此次跳槽,我和老板都犯了严重的错误。

- 我低估了平台与平台的不同

曾经的成熟平台让我误以为换任何一个团队,背后都能给我提供足够的技术和数据支持,以及足够我操刀的丰富内容。

我没有想到一个已经实现盈利的平台,背后可能是严重的"偏科",技术很强,但非常缺乏对内容的支持。我也完全高估了自己的精力,那段时间,我一个人充当产品经理、数据分析、内容运营,甚至新媒体部分的客服,总认为撑过一段时间就好了,整个人时刻都处在极度焦虑和亢奋中,一向喜欢大包大揽、事必躬亲的我,那段时间体验到了什么是精力的极限……

- 我低估了兴趣的作用

在一次朋友聚会中,我跟大家汇报了我的最新工作动向,一桌子朋友全都惊呆了,我也惊呆了。

因为我那时候才知道,一桌子10个人,只有我没有阅读网络小说的习惯。

他们都已经是阅文、起点等各个平台的VIP会员了,而我的习惯还是纸质书阅读，唯一用过的电子阅读平台是微信阅读。

我对这个领域真的一直就没有兴趣啊。

所以这个领域的行话，他们比我还要懂；说起工作里的决策，他们比我更有兴趣；我甚至相信，如果当时拉他们其中任何一个人来给我当帮手的话，我都能事半功倍。

● 我最大的错误是低估了内心认可的重要性

当时做卡章节付费阅读的时候，因为优质的作品和作者是被大平台买断的，站内没有情节足够优质的内容去推，而为了提高付费率，还需要我专门去找一些离奇甚至奇葩的情节去推广，内容尺度也是越夸张越好。

我非常非常不认可这种做法，因为在我看来，这是个门槛极低、没有任何技术含量、极易被模仿和超越的运营方式，而且这种方式吸引来的用户，对于平台品牌的塑造没有太大帮助，并且非常容易流失。

但我也知道，这是这个领域常用的办法。无数个新兴付费阅读平台都靠这个办法实现了相当好的盈利，我不喜欢仅仅是因为我不喜欢，不代表它不好用。

所以我每天早上都是在心里跟自己打一架，说服自己之后才去上班的。

各种的拧巴集合到一起，加上当时的工作进展很慢，我的痛苦被逐步放大。我从那段时间落下了失眠的毛病，并且对自己的

105

能力产生了极大的怀疑，短短三个月时间，我三年积累下来的自信心被消磨殆尽，加上老板的强势和数次集体会议上的针对性质疑，我开始极度否认自己，而这种不自信又让我更加畏首畏尾，不敢申请费用，运营手段也越来越趋于保守。

01 为错误买单的不仅仅是我自己

当时失眠的也绝对不止我一个，我相信老板肯定也很为难。

一个创业期的老板，在投资人的审视下想要开拓一个新的用户增长渠道，还引荐了一个自己的朋友，想必也是打了不少包票，承担了巨大压力的。

他的主要失误显然是用人上的失误，在明知道只有很短的实验时间的基础上，选了我一个擅长做IP和内容、但不擅长做短时间付费用户的人来做增长。

我们共同犯下的错误就是没有对工作目标和实现方式达成共识。这给我狠狠上了一课，成了我以后项目合作中的重中之重，必须要提前明确的事儿。

为了弥补这种错误，我曾经加倍努力，试图用战术上的勤奋去弥补战略上的不足，想要光速学习和让自己认可这种新的运作方式。但在那一刻，之前创业阶段出现的身体问题，在我身上变本加厉地复现。

大家还记得我曾说过："当你做你不喜欢的事儿的时候，你的身体比你更快有反应。"

是的,那时候我已经对开会和上班产生了严重的抵触心理,每天跨入到钉钉打卡的区域范围内就开始深呼吸,这样才能抑制住想要逃跑的冲动。而担心被质疑的恐惧也产生了巨大的内耗,让我无法做出准确的判断,无法勇敢表达我的需求,拒绝不合理的期待和安排。

我溃疡反复发作,几乎天天失眠,暴饮暴食、体重猛增……

就这样,做了力所能及的所有尝试后,我决定当个逃兵。

在跟老板进行了一次还算是推心置腹的谈话后,我们决定互相告别了。分别的那一刻,大约大家都松了一口气,毕竟虽然我被折磨到痛不欲生,但他一定也付出了相应的代价,比如那三个月的人力和投入成本,以及投资人的质问。

02 挫折中的收获

但要说这段经历中我有没有收获呢?

那显然是有的。

比如我掌握了投放和渠道的基本知识,这对于我之后接触媒体和给自己做推广奠定了基础;也让我认识到不同运营手段起到的不同作用,让我领略了"你可以不喜欢但它真的管用"的运营手段。

至于公司的收获,从我离职 3 年内他们再也没有组建新媒体团队这一点来看,大约是知道了以目前平台内容的水平和所有权程度,纯靠内容爆款在新媒体领域获取用户非常困难吧。

是的，没错，在我目前为止人生最后一次的工作中，我夹起尾巴做了逃兵，因为我意识到继续坚持下去，对我是损耗，对公司也不负责任。

如果说之前三年的工作经历告诉了我，我能做什么事情；那么这三个月的经历则是告诉了我，我不能做什么事情。

自此，我的全部打工/创业生涯告一段落。

三 All in！最重要的决定！

辞职后，我把办公室的东西打包好，回到家往客厅一丢后，回顾了这么多年的工作经历。

我忽然发现工作中最让我疲惫的从来不是高强度加班、不是任何实际的困难和挑战，而是多次对公司经营方向的不认同，必须要注重团队协作均衡性带来的内耗和工作尽力后不被理解的孤独感。

其实我是个很不"合群"的人呀。

甚至从毕业第二年就开始带团队这件事，对我而言也是折磨，因为我向来"严于律己，宽以待人"，做事喜欢单打独斗，因此不止一次被更高领导建议"要更严格一点"和"给手下犯错误的机会"。但可能是我内心并没有真正接受"我的性格需要改变"这件事，因此在这方面一直没有所谓的"成长"。

但那一天，坐在我家客厅的沙发上，我在想：

> 我必须要通过团队合作才能完成所有事儿吗？
>
> 我做的事情必须要得到周围人理解吗？
>
> 我的工作必须要他人批准才能推进吗？
>
> 我管好自己还不够，还必须要对他人负责吗？
>
> 我每天一半以上的精力必须要放在解决内耗上吗？
>
> 我的收入提升必须通过做严厉的领导这条路吗？

未必啊！

也许这一切的痛苦根源，都是因为我本身就喜欢单打独斗呢。那一刻，我就暗暗下了决心：从此以后，我再也不会去上班了，我要做一切都听自己安排的工作。

但是且慢！

"再也不想去上班"是我做出全职自媒体决定的激发条件，但绝不是关键因素。

看上去那是我一时冲动，但其实恰恰相反，这是我综合衡量了自己条件和需求后，做出的最适合我当下状态的决定。

现在，咱们就好好聊聊我当时的状态。

- 我有一定的存款

你认为让我做出全职自媒体决定的底气是什么？

是才华、兴趣和梦想吗？

不，是银行卡上趴着的大几十万存款。

这很俗气，也很现实。所以我会放在第一位来讲。

因为我工作第二年就是公司中层了，之后的所有工作经历都是中高层职位，所以工资待遇一直尚可，因此有了一些积蓄。我深知正因为这些存款，哪怕我从事自媒体颗粒无收，也能维持2~3年的生活质量不下降。

这是我尝试全职自媒体最重要的底气。

所以每次遇到有人问我能不能辞职去搞自媒体养活自己的时候，我的回答都是"最好不要"，因为你能来问我，说明你的存款还没有到能让你无所顾虑搞兴趣的时候，这种情况下全职做自媒体，心态很快会崩。

毕竟能不能搞创作，靠的是灵气；但能不能熬到创作带来收益，更多靠的是经济底气。

● 我有较为综合的能力

多年的工作经历让我有了广告策划、客户代表、活动执行、创业合伙人、内容运营等多种身份，而每一类职业我都能做到及格线以上甚至优秀，这代表我至少具有基础的内容产出、基础运营、商务谈判、财务管理等方面的能力。另外，之前上班时我就是个时间管理能力很强的人，非常擅长多线工作，工作效率经常是别人的好几倍。

这一切的锻炼都让我初步具备了成立"个人小作坊"的能力。

哪怕没有全职做自媒体的时候，我也是商务、创作、运营一人搞定的状态，现在决定全职了，就更不担心这方面的能力了。

● 我预判我有可持续的赚钱能力

当时虽然我工作经历丰富，也有多年带队经验，但同时也是个准备结婚、暂时丁克的大龄女青年，这在当时的就业环境下，并不是个非常有竞争力的条件。所以当我决定要做全职自媒体的时候，心里是很清楚自己大概率是没有退路的。毕竟脱离职场几年再回归，遇到的困难一定比简历上有持续工作经历的人更多。

但我几乎也没有过多犹豫，一方面我觉得在职场上，如果想要更进一步的成长，需要改变自己很多，我觉得得不偿失；而另一方面最重要的是，我觉得我选择的领域是具有相对较强的持续赚钱潜力的。

美食领域有个非常突出的特点，就是它几乎不会被国家政策、家庭构成、自身变化、经济环境等外在因素影响，无论在哪个平台，美食都是相对安全的内容领域。

这是高门槛的医学领域、更迭频次超高的颜值领域等都不具备的特点。

以往的成绩显示，我可以比这个领域九成的人做得好，在某些平台上，我甚至可以做得比99%同领域的人都好，那事情就简单了：如果这个领域的品牌想要做投放，那它怎么都绕不开我的。

最重要的是，这个领域虽然门槛不高，但它同时也拥有比其他领域更庞大的受众基数。毕竟谁能躲得开"衣食住行"四件事呢。

自媒体初期，内容供给是跟不上受众需求的，在这个领域入局越早，就越能吃到"供需失衡"的红利，只要我的创意和执行跟得上，生命周期就会比其他领域更长。

再加上兼职自媒体时就已经合作过不少商单，从品牌反馈来看，我创作之外的综合能力让我比其他创作者更具有复投价值，这一切都给了我更多底气。

- 我有家人的无条件支持

当然，最重要和庆幸的，是我未婚夫的支持和鼓励。

我自己的原生家庭，爸爸妈妈都是油田职工，一辈子都在国企工作，我刚毕业就"偏离路线"选择了去私企工作，后面又去创业，再去互联网公司工作，这已经让希望我有个铁饭碗的爸妈十分不安了，如果告诉他们我要去做收入不稳定的自由创作者，我估计他们能失眠。所以，在刚开始长达一年的时间内，我都没有告诉他们。

我未婚夫知道我的这个决定后，没有一丝丝意外，非常淡定地就接受了。甚至我问他："如果后面我发展不顺利，很久都赚不到钱怎么办？"他会很认真地告诉我："有我在呢，这个家也不指着你挣钱。"

你以为这是他财大气粗的"男子汉宣言"吗？不，其实当时他的工资跟我差不多，但他就是能够无条件地支持我，他说："你就做你喜欢的事儿吧，做到不想做为止，能做让自己高兴的事儿比什么都重要。"

而当我自媒体做到第二年收入就达到上班收入 3 倍的时候，他依旧保持着淡定："我早就知道你肯定能行，你又不傻，也很勤奋，没有理由做不好。当然，我也没有想到你能做这么好。"

我可以很肯定地说，如果不是他的支持，我不可能走到现在这一步，所以这里也是一个隐藏的感谢。

现在，回到看这本书的你身上，如果你正在考虑要不要做全职自媒体，以上四点是非常重要的衡量标准。

四 爆发！迟到了很多年的胜负欲！

很多人的职业转换，会以一个悠长假期过渡。而天生容易焦虑的我，第二天就直接无缝转换到了新工作模式。

当时虽然已经在知乎做得不错，公众号也有较为固定的粉丝和很不错的打开率，但我也深知不能把鸡蛋放在一个篮子里的道理，于是当时的计划简单、直接——全图文平台日更。

日更的范围包括知乎、公众号、微博、头条号、百家号、小红书、什么值得买，还包括当初微博刚刚开始试水的绿洲号。

看上去是超级庞大的工程，但我知道，如果我在最踌躇满志、最有激情的阶段都无法成功完成这种频次的更新，以后就更不可能了。

为此我列了详细的计划——为了迎接我期待已久的自由职业生涯，我特地买了宽大的本子和五颜六色的记号笔，以手绘的方式列出每天、每月的详细计划，非常有仪式感。

颜色虽然缤纷，但计划做得非常严谨实用。在此跟大家分享下我使用了很久的三种维度的计划表。

01 日更计划

首先我要确定，每天我第一个要完成的更新平台是什么。比如知乎是我当时的主要平台，公众号次之，其他平台都是用于内容同步。

那么我的表格就会按照优先级去排列：必须要完成的排得更靠前一些，而且越靠前的更新，是越有难度的。

比如知乎，知乎是文本编辑器模式，基本不需要排版，但是需要我提前选好题、想好角度、准备好图片才能去回答，是最费时费力的。

完成知乎的更新后，内容同步到公众号，需要精细排版，虽然耗时间，但是不怎么费脑子，就可以放在第二步。至于其他平台的排版难度，就都不会超过公众号了，排序就可以不那么讲究。

但是每个平台有不一样的侧重点，最明显的体现就是标题的不同：知乎不需要拟标题，但是需要选题；公众号需要拟符合自己 IP 特色的标题；头条号、百家号需要拟系统能准确抓取的标题。

所以同样一篇内容，在不同的平台可能就是这样的：

> 知乎：《如何复刻吉野家的招牌牛肉饭？》
>
> 公众号：《这世间，到底有没有一碗不矫情的牛肉饭！不，两碗！》
>
> 头条/百家号：《30元一碗的牛肉饭在家做，5块钱搞定，喷香软烂，新手也能0失败》

大家应该能看出来，最大的区别就是标题风格的区别。这种改写能让一样的内容在不同的平台得到更好的分发，掌握这个技巧是需要长期观察各平台调性的。这个我们后面会细讲。

每天的长图文更新和同步后，还需要做短图文平台的改写。

短图文平台主要指微博、小红书、绿洲这类图片展示为主的平台，它们的特点是以视觉为主，第一句话或标题为辅，正文内容极少有人看，这就需要我重新调整文本。同时，因为长图文平台是横图为主，同步到这里就需要将所有图片重新剪裁为竖图，会更具有视觉冲击力。

做得久了有经验了，拍摄图片的时候都会拍一套横图、一套竖图，以方便不同平台的更新。

我印象中最忙的时候，每天都要原创稿件、拍摄素材、更新8~10个平台，基本是从早忙到晚，甚至出去旅游的时候，晚上回到酒店也要完成更新。这个更新频次和强度，我坚持了至少大半年。

后面部分平台的粉丝增速和实现收入表现明显强于其他平台，

我的运营才慢慢有了侧重。但是这个阶段是我认为不可跳过的，是小步快跑、撒网测试的阶段。

❷ 选题计划

除了帮助我保持频次的日更计划外，选题计划是协助我做创意的工具。

之前我也说过，大家对美食的关注度是有规律的，其中七八成跟着季节、节气和节日走，两三成跟着流行元素和突发热点走，所以至少这七八成是你可以提前规划的范畴。

我会在前一年的12月，就开始规划下一个自然年的年度选题：

- 首先，我会列出全年的二十四节气，并规划大小节气。

比如立春、夏至算大节气，大家有传统的饮食习惯；谷雨、大满这类就属于小节气，至少在城市人群中存在感不高。

- 其次，我会列出一年中的中外节日，同样分大小节。

比如春节、元旦、情人节、圣诞都算大节，大家会提前很久筹备当天的吃喝玩乐；而清明节、五一、十一这种，虽然也算节，也会统一放假，但是跟美食的关联属于弱关联，所以算作小节。

列好之后，心里大约就有数了。

大节气、大节日需要提前一周准备选题，因为大家都知道这些日子与美食是强关联的，所以各个平台一定会有非常多的同质化内容出现，需要做出与别人的差异化，或者做得更好更精，才能获得更多流量。

同样是端午节，人家都在教怎么包粽子，而你教大家怎么处理剩粽子，或者怎么做出一头咸、一头甜的粽子，就会比别人更有趣、更有看点。

小节日、小节气则需要更多的创意，因为总体关注度较小，所以最好能出奇制胜，让大家耳目一新，借此建立起自己账号的特色。

同样是教师节，别人都在写怎么在家准备谢师宴，而你写求学阶段，你的语文老师在讲台上绘声绘色地讲解语文课本里让人一听就流口水的美味，那你的内容就会更有共鸣。

所以，我们看到的各个平台上那些有奇思妙想的更新，大概率都是提前选题策划出来的。除非是天才型选手，否则准备功课做得越早，你的内容就会越优秀。

03 带货计划

刚全职做自媒体的时候，是图文带货刚刚兴起的时候，其实我自己原计划里是不包含这部分的，但是无意中在知乎写了一篇关于新疆大列巴的介绍，随手放了个淘口令，竟然让那家店从一家新店卖到了4星新秀店，后台统计数据，订单至少有4 000单，这激发了我做带货的兴趣。

带货其实是有风险的，如果一味为带货而带货，很容易把自己的 IP 做成营销号风格，让粉丝反感。所以我的思路是"干货式带货"，就是我会预判粉丝的需求去选品、测评，最终输出推介内容，比如：

> 夏天要来了，我会测评几十种雪糕，给出我的推荐；
> 疫情刚刚开始，我就写了很多酱料的测评，方便大家备货；
> 开学季，我会准备适合大学生宿舍常温储存的零食 list，作为参考。

因为我推介的所有东西我自己都会真实下单、试用试吃，并且实物实拍，而且基本每次的测评都会以 5 个单品以上的横评形式出现，所以我的带货计划也是需要提前很久规划的。

这类计划表需要找的就是电商节、季节或集体事件的规律：比如电商一定会做的双十一、双十二、双旦促销，一定会产生主题采购的开学季、情人节、儿童节等，一定会囤货的春节等。

除了这三类计划表之外，我还有详细的写作收入表，用于梳理客户关系和观察收入变化情况，所以我非常清楚自己每个月的写作收入变化。每当我需要去找一些历史合作案例的时候，我也能在 3 分钟内迅速找到。

这四张计划表是我最为珍贵的经验。现在回头去看当时的计划表，我自己都惊讶当时的内容产出量，可能"做自己想做的事儿"给了我足够的快乐和满足，让我滋生出足够的毅力和自律，度过了成为全职自媒体人最为忐忑的第一年。

五　从餐桌到小桌儿，是表达的日益开阔

其实在刚开始兼职做自己账号的时候，我就有两个昵称。一个是我自己随便起的昵称，沿用了 QQ 昵称，就叫"是芊芊呐"，然后当时在知乎上写美食写出名堂后，我专门辟了一个专栏叫"餐桌奇谈"。

这在当时看，是非常清晰的：

> 主账号"是芊芊呐"不限定领域范围，可以写包括美食在内的所有内容；
>
> "餐桌奇谈"专门写美食相关内容。

后来开了公众号，也是沿用"餐桌奇谈"的名字，毕竟当时自己公众号的定位就是专栏的延伸，而且最开始的几篇爆文都是产生自专栏的。

由于做过多年广告人，我比其他创作者有更强的品牌和商标意识，所以一开始我就把"餐桌奇谈"这个名称给注册了，还专门找设计师帮我设计了初步的 VI 应用于各个平台。

这给了我很大的便利。在大家还在随便用一张图片当头像的时候，经过专业设计的 logo 显然更容易让人记住。而在那段原创内容极易被抄袭搬运的时期，我因为有自己的商标和视觉符号，

也会比其他人更容易维权一些。

但这也给我带来了一些困扰,因为这两个昵称之间完全没有关联,这就导致从不同渠道关注我的人,对我的印象是分散的。

> "餐桌奇谈"里,我是有趣、犀利、话痨的美食爱好者,性别不明但是很喜欢烹饪,会用出其不意的比喻帮助厨房小白记住难懂的烹饪技巧;
>
> "是芊芊呐"是一个北漂姑娘,生活简单,养了只猫,喜欢分享生活,兴趣广泛,有点话痨,什么都喜欢聊两句。

公众号的粉丝是从知乎的专栏导流过去的,这中间的路径是"知乎专栏—公众号",他们未必知道"餐桌奇谈"的作者是我。

而"是芊芊呐"的粉丝是直接从知乎的推送里关注我的,但他们未必知道我还有个专栏和公众号叫"餐桌奇谈"。

听上去很魔幻是吗?但这就是当时的事实。

知乎专栏做得早的人都知道,甚至就是知乎平台本身,作者本人的粉丝和作者专栏的粉丝都是没合并的,也就是说我用"是芊芊呐"发一个内容,我的专栏粉丝是看不到的;我在专栏发一个内容,"是芊芊呐"的粉丝也收不到推送。

所以我一直努力地将两边的风格进行融合,对文字敏感的人其实很容易能看出来是同一个风格,我也经常将两边的元素进行组合,试图打通两个渠道的粉丝。但是我总不能在每个地方都强调自己其实有两个账号,而实际上,就算我真的每次都强调,能主动去搜索并同时关注的人依然是少数。

更何况，因为两边内容不太一样，运营两个账号相当于工作量翻倍，单打独斗精力显然不够。当时"是芊芊呐"有7万粉丝，"餐桌奇谈"专栏有6万粉丝，专栏导流到公众号也有4万粉丝，各方势均力敌，停更哪边都稍显心疼。

但有的时候，解开难题的钥匙不是你自己找到的，而是别人递给你的。

忘记从什么时候开始，"餐桌奇谈"的粉丝开始给我起外号了。

01 听粉丝的话，"餐桌奇谈"变"小桌儿"

"小桌儿"这个名字刚开始只是一个老粉在叫，后来这个称呼在评论区越来越多地出现，再后来，这个称呼变成了默认的称呼。甚至当有人发现"是芊芊呐"就是"餐桌奇谈"的作者时，会在评论区惊呼："我说怎么风格这么像，原来是小桌儿！"

"小桌儿"这个名字出现的频次越来越高，甚至我的粉丝昵称都自行变成了"桌腿儿"。

我灵机一动，为什么不顺势而为呢？

于是，在保持两个昵称并行2年后，我把"是芊芊呐"改成了"芊芊呐小桌儿"，借此提醒粉丝我就是"小桌儿"，再后来，为了更好记一些，简化成了"芊小桌儿"，并一直用到了现在。"餐桌奇谈"依然是保留为专栏名。

好巧不巧，在我改名后不久，知乎也做了重要的改版：它忽

121

然将个人账号的粉丝与专栏粉丝合并了。

也就是说,"芊小桌儿"的粉丝量忽然就从7万变成了13万!更妙的是,粉丝合并后,消息推送也合并了,这样一来,无论我在"芊小桌儿"还是在"餐桌奇谈"更新内容,两边的粉丝都会收到推送。

这个改变对我而言十分重要,因为我不需要再为我创作的内容应该放到哪个账号下而头疼了,以后无论是美食菜谱、美食杂谈、生活分享,甚至宠物、情感分享,都可以一并放到"芊小桌儿"这个账号下,喜欢看菜谱集合的人,只需要点进专栏阅读就好。

这极大地拓展了我的创作范围,再加上几年前各平台不约而同地开始扶持真人博主,我的改名恰好赶上了这个趋势,从此,"芊小桌儿"这个IP就成了我的唯一标志。

02 从IP命名看账号发展

写到这里,我想以我纠结了2年的经历,给正在考虑账号命名的人一些建议。

账号命名非常重要,决定着你给人的第一印象,因此IP命名清晰、易于记忆是基本条件,但是昵称更倾向于真人化还是领域化,要看你对自己IP的定位。

①以"个人昵称+垂直领域"命名

适用于前期用某垂直领域作为切入点,后期希望发展成泛领域IP的账号。

劣势是双要素命名可能会字数稍多,但优势就是未来无论是向更精专领域发展还是想做成泛领域 IP，都可以根据需要做取舍。

举例：

> "bobo 姐美妆蛋"，开始可以以美妆为切入点，如果想转型为泛领域的个人 IP 就可以保留"bobo 姐"的元素，后面替换为更合适的关键词，比如"bobo 姐美学教室"。
>
> 虽然原则上我们不建议一个已经积累了一定粉丝的账号轻易改名，但以我和我身边人的经历来看，根据内容输出风格去做 1~2 次调整影响不大。

②以"个人昵称"命名

这个其实是目前最为常见的命名方式。

一方面类似于真名的个人昵称会让人更有亲切感，另一方面也更容易做领域扩充，同时也符合各个平台扶持真人账号的趋势。另外再看长远点，如果将来你做得极为优秀，破圈出现在出版、电影电视、线下展出等一些必须使用真名的场合时，就不会出现读者对不上号的情况了。

我自己就吃过亏。央视曾邀请我以美食达人的身份去录制他们的知名美食综艺，但是要求必须要上真名，所以两次综艺播出后，完全没有给我带来任何粉丝增长，遗憾至今。

当然这样命名也有缺陷，就是如果你的内容特色做得不鲜明且不够垂直的话，读者很难记住你，而且如果你的真名过于常见普通，就需要给自己起一个看上去像真名的"艺名"。

③以"精准领域"命名

这是自媒体时代初期常用的方式,比如一扫一大片的"川湘美食""减脂减肥餐""佳人餐桌"等,领域是很精准,但是缺少"人味儿",很难与读者建立情感联系。

所以很多做得好的账号到后期也都渐渐改名,让更多真人元素出现在昵称中。所以除非你的领域极具记忆点且十分小众,不存在同质化的危险,否则是极其不建议这样命名的。

总之,这次账号更名后,我的内容开始渐渐从单纯的菜谱领域转为泛美食甚至生活领域,但我没想到的是,这个改变不仅扩展了我的创作空间,还让我的商业收入产生了更多可能。

第五章 脆五花·越『拒绝』越升值

美食中的流量密码——如何把爱好变成事业

一 拒绝速成，让风味好好沉淀

不知道大家有没有烹饪过大块的肉，类似于整鸡、整条的五花肉，大块的牛肉之类的。

新手烹饪这类食物，遇到的第一个难题并不是如何做熟它，而是如何让食材入底味，总不能全都白水煮出来再蘸底料吧？

第一次尝试烤整条猪五花的时候，我看着网上搜索来的、五花八门的菜谱陷入了沉思：它们全都告诉我要用至少3种以上的咸味调味品腌制猪肉，这其中包括生抽、老抽、盐，甚至蚝油。

可在我看来，那样做出来的肉不仅颜色过深，而且会大大掩盖掉肉本身的风味，我想要的，是尽量简单的肉香和油脂香。

我忽然想到了"熟成"技术。

熟成，就是通过盐分使用及温度控制，方便肉类保存。这种方式不仅可以软化肉质、去除杂味，还可以浓缩肉类风味，一般常用于火腿、牛排的制作。它最大的特点，就是需要较长时间的等待。

我想尝试把这种技术借用在中式脆五花的预处理上。

我把整条猪五花清洗干净、擦干水分后，用粗盐抓揉擦拭，稍微配了点迷迭香增加风味，

放在能沥水的容器里，直接丢到冰箱保鲜层进行了不那么严

格的"熟成"实验。

经过 3 天 0~5 摄氏度的腌制，猪五花不仅没有变色变味，反而更瓷实、油润。

接下来我再按照其他菜谱烤制五花肉的方式进行烤制，发现成品不但能保持最漂亮的金黄色，而且肥肉部分透亮不腻，瘦肉部分松软油润，整体风味还特别浓郁，虽然没有用到那么多调味品，但是却喷香极了，有着明显的肉香，而不是靠多种调味品腌制出来的厚重味道。

后来我把这个菜谱写进了文章里，试过的人都很惊艳，但也有一类声音频繁出现："熟成等太久啦，有没有速成的办法？"

01 "熟成"与"速成"

不仅仅是烹饪，这个问题也值得放在写作领域被反复讨论。

毕竟这世上总有人看上去赢得轻轻松松。

我记得参加过一个线下交流会，里面除了我，都是小有成就的创作者们，人均出过一本书、全网百万粉丝或者靠写作年入百万。我印象极深的是有个人在分享自己的出书经历时说道："我最快的一本运营书，只用一天就完成了。当时编辑准备了 100 个问题来问我，我挨个口述回答，回去后编辑根据录音整理出来后，很快就出版了。"

我当时听到的感受跟大家一样：吹牛吧？

但是后来更进一步去了解这个作者的时候，发现在出书之前，他做过近十年的培训，很多需要细细梳理的知识点和技巧，已经成了他可以脱口而出的肌肉记忆。他可以在台上脱稿口若悬河一个小时，同时可以保证思路的清晰严谨和表达的层层递进。

他日常的工作更是要处理大量的咨询，每一个提问者提出的问题，用头脑中完整知识体系中对应的那一部分去解决，也已经成了他的基本功。

在这种背景下，催生了那本书的"速成"。

且不说这本书质量如何，但是能以这种速成方式出书的前提，是背后多年的积累和沉淀。这种故事讲给你听的时候，一般是不会把背后的故事一起告诉你的。

所以，有速成吗？

当然有，可能是天才，更可能的是他用了漫长的时间在你的视线外"熟成"。

做脆皮五花肉也一样。

当然有不用等待两天的速成办法，比如下重口调味品，或者五花肉切片腌制，都可以有效缩短时间。

> 只是下过重口调味品后，食材的颜色和风味会被牺牲大半；切片腌制后，食材会因为失水和受热面积的增大变得不再软嫩油润。

在我眼里，这种"速成"是牺牲了部分口感换来的，当然在烹饪里，这也算是一种取舍。

但如果放在创作上，这就不是个可选题了：试试就知道了，没有足够的"熟成"时间，其实连做到少量的有价值输出都勉强，更别提别人眼里的"速成"了。

02 创作初期，求质还是求量

"保持怎样的更新频次比较好？"也是我在做自媒体讲座的时候，新手经常会问到的问题。

为此我也围观过很多平台的运营课程，发现很多平台都鼓励作者日更，更有甚者，鼓励作者一日多更，声称这样可以让作者的作品尽快被算法识别并打上标签。

但判断一件事是否适合自己，我不建议你用对错去衡量，而是用立场去衡量。

平台说的没有错。平台鼓励你日更甚至一日多更，是站在平台需要有更多内容的立场上，规律且频繁的更新可以增加曝光，让系统将你推送到更多更精准的人群面前。它们不担心创作是否会枯竭、创意是否有瓶颈，因为主流平台不缺创作者，有的是大批怀揣创作梦想的人赶来为平台提供内容。而站在自己的立场上，你需要考虑的是自己的输出和转化是否能成正比，毕竟平台带来的曝光是否能转化为你的关注者，说到底看的还是创作质量。

我可以比较武断地说，一个之前没有受过创作训练的正常人是无法坚持有价值的日更超过一个月的。

注意重点：有价值。

所以回到这个问题上，我的答案是：按照自己能长期坚持的、能提供有用价值的更新频次去更新。

两天一更没问题，一周三更也不错，一周一更也不是就比日更差。

至于我为什么能在一段时间内保持日更，一方面是因为我正好就是经过多年创作训练的人；另一方面，我是个选题和写作速度都极快的人，从小到大我所处的集体中，几乎没有人能超过我。

但即使是这样，我的日更维持了几个月也慢慢降低了频次，甚至有段时间陷入到了很严重的拖更中。

所以千万不要被所谓的训练班的日更大佬们"卷"进去。创作就像马拉松，起始速度不重要，重要的是坚持得够久，找对自己的步频，才能跑得下来全程；而跑得更远，才会遇到更多的机会。

记得我还在做广告人的时候，隔壁小组接到过一个葡萄酒品牌的项目，需要用一句话概括一颗葡萄如何经过时间的洗礼，从胚芽、结藤、开花、结果，到采摘、挑选、压制、发酵，最终和消费者见面的过程。在内部比稿时候，有一位同事把这种经过漫长的等待最终酝酿出独特风味的过程浓缩成"因为慢，所以快"6个字，惊艳四座，也让我记忆深刻。

这句话放在创作上，就是"想要快，先得慢"，慢是时间积累的慢，是打磨自己作品质量的慢，也是放低心理预期的慢，心态调整好了，给自己足够的时间成长和沉淀，你才会成为别人眼里的信手拈来和轻轻松松。

二 解腻梅子酱：不断加码会崩塌

做过脆皮五花肉或者港式烧肉的人都知道，成品出锅，搭配酸甜口酱料食用好过空口吃。最好的搭档就是酸甜口的梅子酱或者杏子酱，更有甚者，在腌制和烹饪的时候就已经甩了两大勺梅子酱进去入味了，因为微酸的口感不仅能很好地中和五花肉的油腻，还能互相激发，让油脂香气更为突出，肉味更鲜。

烤制五花肉的阶段，最大的目的就是让油脂成分渗出和浸润食材本身，让整块肉变得喷香扑鼻，牢牢锁死自己是块让人欲罢不能的称职五花肉这件事。内容创作也是这样的，初期尽可能展示自己的特色，放大自己的特点，让大家牢牢记住，这是必经之路，很多人也借此积累了第一批粉丝。

持续涨粉的过程就像是食客品尝五花肉的过程，不做一些口味和形式的调整的话，第一口惊艳，第二口过瘾，第三口就已经开始腻了。五花肉是盘好五花肉，但无奈食客的新鲜感和胃口就摆在哪里。

这时候作为创作者的你会发现，粉丝增长开始变缓，互动数据开始变差，于是你更奋力地在自己的特色上加码，把肉烹饪得更喷香软糯，把内容写得更精益求精，但收获往往与努力不成正比。

然后你心态就崩了，觉得读者的爱好短暂。

我自己的创作也经历过这样的过程，"段子菜谱"初期创作可以说是信手拈来，自己也乐在其中。但是频繁更新后，总有灵感枯竭的时候，尤其读者已经被你的风格培养的阈值越来越高，很难再一下子给读者足够的意外和惊喜了，而读者意料之外的感受，正是涨粉和互动的关键。

这时候我如果继续在段子上加码，基本就是死路一条。

这不仅仅是我一个人的问题，看上去越轻松随意的东西，背后藏着的琢磨和功课越多。不信你去连听三场同一个脱口秀演员的演出试试，不说素材全都一样吧，五成以上的包袱重叠是跑不了的，因为适合拿到大众前面来使用的段子确实是很有限的。

其实坚持特色没有错，读者的喜新厌旧也没办法改变，但我们可以放弃"不断加码"的过程，去找找新的方式给读者解腻。

那怎么给读者意外和惊喜呢？

01 利用多种反差制造惊喜

我自己的例子，当大家都习惯了我混不吝的写作风格时，我会在写某些菜谱的时候甩出来一些特别严谨，甚至看上去没有必要的准确数据出来。

我日常写菜谱，非常不喜欢精确到克数，都写"蚝油一甩、盐巴一掌心"这种只可意会、不可言传的量词，毕竟很多菜谱就是拓展思路或者看个乐子的，写的人和看的人都没打算当个正经菜谱看。

但是遇到有些我真的很想分享，并且是自己研究出来的万无一失的方子时，我会写得非常非常详细。比如写水煮肉片的最省时间做法，我会用 excel 列一个时间分配表出来，告诉大家只要好好利用时间，20 分钟一道菜不是梦。

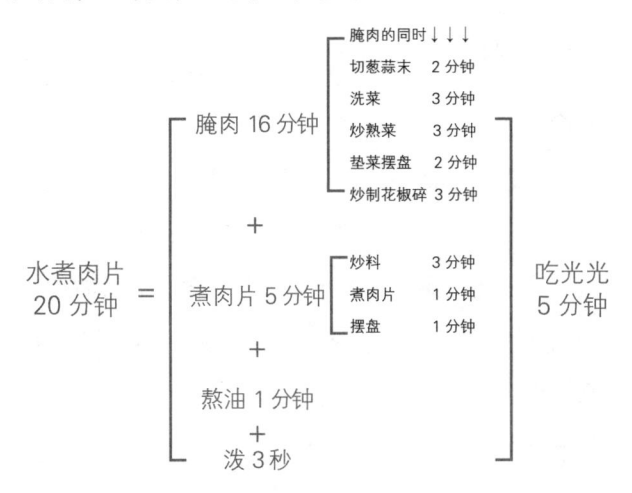

$$
\text{水煮肉片 20 分钟} = \begin{cases} \text{腌肉 16 分钟} \begin{cases} \text{腌肉的同时}\downarrow\downarrow\downarrow \\ \text{切葱蒜末} \quad 2 \text{ 分钟} \\ \text{洗菜} \quad 3 \text{ 分钟} \\ \text{炒熟菜} \quad 3 \text{ 分钟} \\ \text{垫菜摆盘} \quad 2 \text{ 分钟} \\ \text{炒制花椒碎} \quad 3 \text{ 分钟} \end{cases} \\ + \\ \text{煮肉片 5 分钟} \begin{cases} \text{炒料} \quad 3 \text{ 分钟} \\ \text{煮肉片} \quad 1 \text{ 分钟} \\ \text{摆盘} \quad 1 \text{ 分钟} \end{cases} \\ + \\ \text{熬油 1 分钟} \\ + \\ \text{泼 3 秒} \end{cases} \quad \text{吃光光 5 分钟}
$$

再比如我调了一个超级好吃的酱汁，我不会告诉你几勺、几克这样不好掌握的量，而是直接把比例公式写给你看：万能鱼香汁＝水：生抽：醋：蚝油：糖：淀粉＝4：3：2：1：1：1。

读者其实是很聪明的，当他们看到这样的信息出现的时候，下意识就开始收藏了，因为他们知道："哦，这个搞笑的家伙开始认真了。"

有收藏就有实践，总有人会按照我的方法去尝试，尝试成功或者不成功会回来反馈，再在评论区形成互动，这就让更多的人看到原来你有不同的侧面，那么那些因为看腻了段子而想要取关的读者就会因此再观望一下。

读者是很爱看反差的，善于运用反差可以让读者扩展对你的想象空间，也有利于你尝试和拓展自己的创作领域。

02 不加码但加料，也是惊喜

再看看烤红薯。

烤红薯是个老到不能再老的选题了，基本很难写出花来。

但是烤红薯不变，烤红薯的工具在变呀。以前只能在外面买现成的明火烘烤的烤红薯，现在小厨电越来越多，微波炉、烤箱、空气炸锅都可以做烤红薯，甚至注意点技巧，用电饭锅也能焖出带焦斑的烤红薯。

红薯的品种也一直在变，可能有人还不知道，现在连烤红薯专用品种都培育出来了。

这些都是超级有用的信息点，也给了我新的切入点。

于是我就可以写用 5 种工具烤出来的红薯，时间、状态和口感上的差异；也可以写不同品种的红薯用同样的时间和方法烤出来的口感差异。

这都属于在一篇常见的烤红薯菜谱里加入的有价值信息，也被我称为"加料不加码"。

> 加料，就是增加单位内容内的信息量，高深一点描述就是"信息颗粒度"；

> 加码，就是放大你原有的写作风格，让你的个人风格更突出。

我们在加码加不动的时候，不妨试试加料的方式，换一个维度去喂饱读者，让读者得到期待值之外的东西。

❸ 变化是惊喜，也是防模仿法宝

当你的个人风格非常明显的时候，就会被模仿甚至抄袭。这世上原创做得好的人可能不算多，但模仿得好的人一抓一大把。

还记得我说过我基本是知乎上第一个写段子菜谱的人吗？

其实第一不难做到，唯一才难做到。

很多人看到这种风格讨喜之后，也纷纷开始用这种方式去写作了。良性竞争咱从来都不怕，怕就怕模仿你的人比你做得更好。

读者才不管谁是第一个呢，谁做得好他们就看谁，"公正"且残忍。

所以我强迫自己的创作维持一个经常变化的节奏，在自己的内容里加入更多具有个人特色的元素。

> 你学习我有趣的菜谱风格，那我就把我的生活加到内容里一起写，你学不来了吧？
>
> 你学习我胡乱写配料，那我就偶尔严肃起来写严谨到不行的配料表，你没想到吧？

> 你学我当搞笑女,那我就隔三岔五给你晒下我超专业的厨电测评过程,你措手不及吧?
>
> 你学我超级垂直在美食领域,那我就开始写美食故事塞点人文进去,你没准备吧?

这种方法丢到体育比赛里,就是不让对方摸到自己的套路,留一手不让对方摸透。当然咱搞写作的没有那么多输赢,也不是必须做到领域第一才有活路,但是不断地换风格,可以给自己贴上更多的标签,在读者眼里的形象也更为立体多元,是一举两得的事儿。

当然如何变化才能既保持自己的领域垂直和内容精准,还能做到与众不同、不被效仿,就是需要另外开篇的话题了。

总之,勤奋和特色是创作者获取第一批读者的敲门砖,但绝不是一劳永逸的法宝。

不断地变化才能永葆新鲜,就像烹饪得刚刚好的五花肉搭配上酸甜解腻的梅子酱,就能让食客多吃两口;而总能带来变化和惊喜的你,也会让读者爱得更久一点。

三 看得见的诱惑和看不见的损失

当你的内容做到一定程度,就会遇到各种赚钱的机会。

和之前只有做到中部以上才有可能赚钱的情况不同,现在诸多品牌已经将大部分的推广费用都倾斜到自媒体平台上，期待和各类账号一起打造出品牌的声量。

如果说以前品牌只会选头部大号做投放，那么现在，有经验的品牌已经学会用更灵活、更自然的推广方式了，比如以下两种。

● 品牌推广向的矩阵投放

品牌会选 1~2 个头部大号，10 个腰部账号，搭配几十甚至上百个素人账号组合投放。

素人账号的定义是有产出内容但是粉丝量很少的真人账号。

所以，只要你坚持活跃在一个平台，接到广告的机会还是很多的，只是不同级别的合作费用天差地别罢了。以目前我所知道的悬殊算是比较小的知乎为例，某个领域的头部账号合作一次的费用可以高达一篇十万元以上，而纯素人账号根据粉丝量可能只有 10~100 元的报酬。

● 产品销售向的返佣合作

这种投放是针对腰部以下（一般不含腰部）账号或者千粉素人账号的。就是不支付推广费，但是设定比较高的商品返佣比例，你去替品牌撰写软文或者拍摄视频进行某个产品的推广，用户看了你的内容下单购买后，你可以得到一定比例的返点，俗称"带货"。

除了这两种之外，还有一种更为深度的合作，常见于腰部以上账号，就是以你的 IP 为背书，联名某个产品，你作为这个产品的推广渠道，可以获得一半以上甚至更多的分成，但是同时你也需要为该联名产品的品质甚至售后负责。

看起来，我仅仅简单罗列了三种合作方式，就已经能够涵盖一个平台头部、腰部和新人账号了，处处都有机会。但其实很多人没有意识到，你的每一次选择都决定了你账号的发展。

01 如果你是素人账号

素人账号的特点就是粉丝少，所以品牌开价低，也不怎么挑你的领域和账号质量。

尤其很多素人账号非常热衷于"薄利多销"，多低的价格都找得到人写。品牌选上百个素人账号做推广其实是为了给头部、腰部账号打配合、堆热度的，所以素人账号不求质但求量。你经常看到有人在朋友圈或者创作群里发的招募任务就是这类：

> 产品：XXX（素人直发）；
> 账号要求：粉丝5 000~10 000，不报备，报价30~40元，账号类型为生活；
> 项目需求：稍微维护数据，赞藏评加起来超过20+，量大；
> 写文要求：直发。

这类任务有人会觉得还蛮爽的，每个商品你都凭空美言几句（因为素人账号基本不可能给你寄样体验，只会让你随便写点充当路人的真实感受），加上品牌审稿要求低，随便写写几十上百到手，一个月写个几条不也美滋滋的？

但这时候的你具有极强的可替代性，基本上会敲字的都能成为你的竞争对手，除了打价格战之外你没有任何优势。无论是10单还是100单，如果你满足于靠量取胜，那你的赚钱潜力也就止步于"拼低价和拼体力"，你的内容一定是混乱且没有价值的，最后彻底沦为一个废号。

如果你的志向是拥有更多粉丝甚至打造自己的 IP，就需要注意甄别和取舍，不要沉迷于在各个"任务群"抢单，而是选择与自己领域相匹配的任务，本着对自己负责的态度去写推广，让每一个任务内容都成为你搭建自己 IP 的武器。

我一个朋友的账号就是从素人账号写起的，她会自费购买一些并不是很贵的品牌，体验后拍摄推广，以高于品牌方要求的标准输出内容，所以她的推广看上去就很有说服力和自己的风格。

这种"笨功夫"用久了，结果就是品牌方或者代理方会格外注意到她的内容，下次合作就会特地来找她。凭借较为优质的内容沉淀，她的粉丝也在持续增长，很快就从素人账号成长为近乎腰部的账号了。

02 如果你是腰部账号

腰部账号的特点是具备了一定的粉丝量级和较为垂直的内容储备，但同个平台内你的竞争者仍在百人以上的账号。

这类账号处在一个中间状态，既可能接到品牌的付费合作，也可能接到返佣合作，同时账号也有成长为头部账号或者退步为"过气账号"的双重可能。

账号做到这种量级，每一次推广都是在消费你的公信力。很多人在这个阶段觉得时机成熟，接了过多的推广，尤其是没忍住诱惑接了不符合自己人设和领域的推广，导致内容"水化"、观点矛盾，损失了信誉度，等反应过来的时候，惊觉数据增长趋势已经终止了。这是非常可惜的。

看上去品牌付费你产出内容，双赢的买卖，但其实吃亏的是你，因为品牌看上的是你此刻的影响力，它并不会去在意合作对你的影响。

所以这个阶段你一定要认真评估自己对粉丝的吸引力，注意非广内容和广告内容之间的平衡，不要让自己的账号体现出那么明显的"赚钱欲望"。

读者知道你会"恰饭"，但还是舍不得取关的关键，就是你要保持的自己独有的价值。

03 如果你是头部账号

账号做到头部了，已经不需要我来指点什么了。

我仅就自己的经历说点经验和教训吧。

头部账号面临的合作诱惑是很多的，线上推广、线下出席活动、品牌宣传、联名商品都有可能找到你。我也曾经被很多品牌数次邀请，想借助我的 IP 影响力，共同打造一些联名食品，推向粉丝售卖。

我浅尝辄止过几次，主要尝试的范围是水果生鲜。

体验很复杂。一方面，你看到粉丝出于对自己的信任下单购买，然后回来告诉你"跟着小桌儿买就对了"，你会有非常有成就感，也会觉得自己在做的事情非常有价值。

但另一方面，你的内容一旦与产品强关联，产品质量、售后问题就与你脱不开干系了。

印象最深的是有一次推广一款新疆低温酸奶，因为货物上午送到一个粉丝住址的时候，他不在家，而等他下午回家后，以低温产品存放了几个小时会不新鲜为由要求退货。而店铺明确写着"因客户个人原因导致的收货不及时，不在退款范围内"，况且虽然是低温产品，但是有保温箱和冰袋，存放几个小时完全没有问题，于是就拒绝了他的退货申请。他自然是不同意，发起了申诉，一来二去，直至平台方介入，拒绝了他的退款要求。

一般来说，事情到这里就结束了。但是因为是我的推广带出去的货，这位消费者直接找到了我，声称如果我不帮助解决的话，就会在网上曝光我推广的产品存在质量问题。

看到了吗？名气是把双刃剑，当一个人以"曾经的粉丝"身份在网上对你提出质疑时，十之八九的结果都是对你不利的。

所以我选择息事宁人，自掏腰包"赔付"了他。

后来我跟品牌方复盘这个事儿，品牌方说我还是太沉不住气，说水果生鲜类的产品本身就是高客诉率的类型，一般来说5%的客诉率都是正常的。

那件事之后，我仔细评估了自己的能力，发现我非常擅长针对一个品牌和产品输出具有感染力的文字，但非常不擅长甚至极其厌恶回复质疑和处理售后问题。而我最恐惧的是，一旦我跟商家合作生产联名产品，那产品质量问题一定是我不可控的。

想明白之后，我调整了自己的合作范围：

> 拒绝了绝大部分生鲜产品的合作，因为此类产品极易因为天气、批次、运输原因出现质量差异；
>
> 拒绝联名产品的邀请，因为想要对任何产品的品质负责，都需要花费大量时间深入研究并监控，我自认为对任何一个具象产品的兴致都没有那么高；
>
> 只接受知名品牌或者老品牌的合作邀请，因为它们有足够的销售数据可以替我规避掉大部分的质量风险；
>
> 适当考虑部分新兴品牌的合作邀请，但前提是我必须要体验产品；
>
> 不接受任何制定GMV标准的合作，因为一旦有销售指标在，我就很难做到相对公正、轻松地描述一个产品。

按照这个原则，其实我损失了很多合作机会，但再也没有出现过因为不可控的质量问题而向我问责的情况了，这让我心里非常踏实。

当然，我做出这样的取舍其实是个人能力不够的表现，但是相对于实现收入，我更在乎的是个人IP的生命周期。

我也不是账号做到成熟期后才这样"挑挑拣拣"，实际上，在我还是腰部账号的时候，就已经非常注意合作的甄选了。多年品牌和运营相关的工作经验，让我比其他人更清楚那些金钱的诱惑下会藏着怎样的损失，毕竟相比看得见的诱惑，决定账号发展的往往是那些看不见的代价。

四 抱歉，创作没有铁饭碗

判断一条脆皮五花肉是否成功的最重要因素，就是看最后五花肉表皮是否能形成脆皮。

脆皮成了，用刀刮上去会出现咔嚓咔嚓的摩擦声，一刀切下去，表皮会随刀口断得干脆利落，懂行的人不用吃，就知道成功了。

关于如何产生脆皮这一点，光我收集的方子，前期处理有盖粗盐、泡白醋、扎小孔等手段，但就算是上了三重保险，也无法保证万无一失。

因为不同的五花肉原料，含水量、肉皮厚度都不一样；工具使用油炸、烤箱或空气炸锅烤制时长和温度也不一样，所以在五花八门的方子里，脆皮成型温度从180摄氏度到220摄氏度，最后一步的时长从10分钟到20分钟都不尽相同，根本没人能给你保证。

这也是为什么很多人照着评分很高的菜谱按部就班制作，最后还是翻车的原因。真正有经验的人，会根据自己手里的食材和工具进行微调，保证最后能烤出金灿灿的脆皮来。

内容创作也是这么一种没人可以从头到尾都给你担保的工作。

很多创作者虽然已经迈入了自媒体的大门，但是思想还停留在"打工挣工资"的阶段，总是试图找到一份收入保障，不然不敢全情投入。毕竟收入不稳定，使很多创作者焦虑和没有安全感，犹犹豫豫，不敢全情投入。

很多平台看懂了创作者的犹豫，推出了供稿或平台补贴的合作模式。这种模式简单说就是平台评估你的创作能力后，根据你的以往内容开出相应的保底稿酬，同时提出创作数量和质量的要求。

再简单点说，就是让你给平台打工领工资。

这解决了很多创作者的后顾之忧，相当于很多创作者眼里的铁饭碗，非常具有诱惑力，这其中最经典的案例就是几年前的"悟空问答抢人大战"，那是场不见硝烟的战争：悟空问答邀请知乎答主入驻自己的平台创作，以高于很多答主在知乎收入的价格开出稿酬，并要求每月在悟空问答上创作一定数量的内容。

当时，至少300名知乎答主高调出走，入驻悟空问答，并在"前线"捷报频传。

作为当时的腰部答主，我也是受邀账号之一，但是跟很多出走得比较决绝的答主不同，我只是将悟空问答作为一个同步平台，并没有放弃在知乎的运营，看上去像个脚踩两只船的渣女。

但我这么做的原因分为可见和不可见两种。

> 可见的原因，当时我在知乎实现收入的能力还可以，是高于悟空问答开出的价码的；
>
> 不可见的原因，悟空问答的读者来自于今日头条，头条和知乎的读者画像差异极大，我不相信知乎受众喜欢的风格照搬到悟空问答，会产生一样的效果。

另外，还有点模模糊糊的惰性在阻止我。记得当时悟空问答定的每个月的任务量是20~30篇，只有完成，你才能得到保底收入。

我自认为完不成，所以干脆没有签死合同，就抱着试试看的态度进行了尝试。

最后的结果关注的人都看到了，有一部分创作者通过这种"铁饭碗"式的合作实现了不错的收入，但也有相当一部分人因为内容数量或质量不达标，没有全额拿到保底收入。而这个项目在靠资金推动一年后，也因为模式问题宣布失败。

这个过程中，互联网上产生了大量的讨论，关于创作者生态的、关于平台和创作者关系的、关于问答社区发展的，这里就不展开讲了。但经此一战，我的最大感受就是：当一个创作者试图获得稳定收入的时候，就有创作质量向数量妥协的危险。

讲讲在全职自媒体过程中，几次给我很大诱惑、但最终我还是放弃了的"铁饭碗"机会吧。

- 专业供稿人

这是我公众号粉丝累积到 5 万时候，一个美食领域百万粉丝的大号发出的合作邀请，主要合作内容就是为他们提供稿件，他们按篇付费，每篇 1 500~2 500 元不等，但前提是提供稿件后，原创和首发都必须是他们。

其实当时我的公众号的合作收入并不稳定，按照我几乎日更的效率，这个合作条件很诱人了，但最后那个会让我丧失原创和署名身份的条件让我毫不犹豫地拒绝了他们。

因为这样一来，我等于放弃了自己的账号，用全部的精力为他人作嫁衣，而看上去丰厚的短期按件计费的收入，是用我账号的发展潜力做交换的，这并不划算。

- 签约作者

多个平台都跟我提出过签约作者的合作要求，最终我只答应了知乎。当时签约的条件是给一个年保底收入，但如果你在知乎的收入超过了这个保底收入，平台就无须支付了。当时签订合同的时候，我就十分清楚自己肯定能超过那个金额，但是出于对知乎平台的支持和获得一个相对好听的称号，我还是选择了签约。

而其他所有平台跟我谈签约，都会提出了一个明确的数量要求，比如短图文要求日更 5~10 条，长图文要求日更，那是一个正常原创作者不可能完成的数量要求。虽然很多平台大多不去严格要求质量，对搬运抄袭洗稿都睁一只眼闭一只眼，但我对自己是有质量要求的，所以我全都放弃了。

当然知乎也有数量要求，但相对宽松，而且我本身在知乎更新就很频繁，不做硬性规定也能完成。

● 日更挑战

几乎每个平台都有这样的日更挑战，平台会提供一定的资金，供完成挑战的创作者瓜分。我在刚刚全职做自媒体的时候，为了督促自己日更，参与过几次这样的活动。

不得不说，对于一个新账号而言，参加这类活动是非常有效果的。我参加的是今日头条的日更挑战，其实我没有任何一个月完整完成了日更，但这类活动大大提高了我的更新频次，让平台很快发现了我，并作为优质账号给予官宣和奖励。

因此，我的大部分头条收入并不是来自创作马拉松式的日更挑战，而是来自优质账号认证和单篇的优质内容。

列举了这些之后，你就会发现一个隐隐约约的原则：我一直在拒绝成为一个文字打工人。

在我眼里，创作这个行业不应该有也不可能有旱涝保收的铁饭碗，如果有，那大概率是牺牲创作力和创作激情换来的。

如果立志成为一个能被人记住的创作者，就得清楚地知道自己作品的价值在质不在量，就绝大多数人的能力而言，是做不到质量和数量兼顾的。

但是与之对比的是，我自己非常想尝试，也非常鼓励大家去尝试参与一些创作大赛和付费专栏的撰写，因为这些活动是可以为你作品的专业水准或者市场价值提供参考的。

不要去做个贪图铁饭碗的新型码字打工人，去尝试做一个有胜负欲的创作者，让内容质量决定你的收入，这会让你更快更耀眼地出现在读者面前。

五 脆皮成型记：呈现最好的光鲜

这一部分我们谈谈创作者的商业意识。

和其他人不同，我并不是从一个常见岗位上转变成创作者的，我的过往经历就包含在传媒公司、策划机构甚至品牌方供职的经验中，这给了我很多思考问题的不同角度，比其他人更懂得如何站在 MCN 机构或者品牌方去思考一次投放。

在我看来，很多创作者专业水准和内容质量都相当优秀，但是商业意识特别薄弱，这一点在高知人才聚集的知乎上体现特别明显。

经常被粉丝量几倍于我的答主咨询实现收入的技巧，也给众多创作新人开过直播，分享如何梳理账号，以及让品牌方快速发现自己的秘诀。

每次分享我都知无不言，言无不尽。一方面，我觉得每一次分享对我而言就是一种从逻辑到表达的全方位锻炼，我会理解为一次难得的机会；另一方面，在我眼里，很多优秀的创作者就像是一块烤得相当成功却输在了摆盘上的脆皮五花肉：金黄喷香，火候和调味都刚刚好，却不知道该如何展示自己的低调五花肉。

一块美味的五花肉要想充分展示出自己的美味应该怎么做？

首先要知道食客对这块肉的预期是什么：

> 是表皮酥脆，那就至少要表皮朝上摆放，让食客一眼看到代表火候的金黄蓬松脆皮；
>
> 是肥瘦相间，那就至少要把五花肉的立面展示出来，让食客感受到红白夹杂的美感；
>
> 是清爽不腻，那就搭配生菜和一小碟梅子酱，提醒食客入口也可以有的清爽口感；
>
> 是解馋过瘾，那就当着食客的面大块切开，让人亲眼感受到大块肉被分割的干脆爽快。

很多创作者，勤勤恳恳老老实实，不知道怎么展示自己，就像将一块脆皮五花肉焖在一个密封饭盒里，当食客打开看到的时候，皮儿不脆了，肉凉了，油脂凝固了，也没有任何酱料和蔬菜搭配，自然就没了兴致。

所以想要好好实现收入的创作者一定要学会怎么展示自己。

01 方法一：亮出你的可口之处，做一份优秀的简介

因为具备媒介投放的工作经验，我比较清楚降低沟通成本的技巧，所以在刚刚开始做自媒体时，我就已经给自己做了相对专

业的简介。相当于脆皮五花肉表面看上去最过瘾的那部分脆皮，很大程度上能影响对方对你价值的判断。

后来据跟我对接的品牌负责人反馈，我是他那个阶段咨询过的众多创作者中唯一一个自己准备了简介的，让他印象深刻。所以当对接完几十上百个创作者，最后做筛选提报的时候，他是一定会推荐我的，就因为那份简介体现出来的专业态度，让他觉得后续跟我的合作一定会很顺畅。

看，一份好的简介能够有效提高合作成功率，而且初步意向咨询很容易遗漏重要信息，而当你留下简介后，相当于给自己又争取到一次补充信息和精准推荐的机会。

但简介不是简历，千万别按照找工作时候的简介去写。

写之前先弄清楚目的，为自己制作一份简介，目的是让 MCN 或者品牌方以最快的速度了解我们，所以他们关心的问题要尽可能前置。

他们关心什么呢？

> 你的基础数据是否符合他们要找的级别？
> 你擅长的领域是否跟他们对口？
> 你在垂直领域是否有爆款内容？
> 你是否有相关领域的专业背书？
> 你是否有其他加分项？

所以你的简介最好能简洁明了地提供这些信息，你可以把这些内容前置：

> 你在创作层面取得的成就；
> 你擅长的领域和内容风格；
> 你的专业背书；
> 代表作品（含成就数据）；
> 其他有可能给你加分的兴趣爱好和专长。

另外，这 3 个小细节能给你的简介大大加分。

1. 代表作品上附上链接、效果数据和简要说明。

举例："有哪些值得推荐的包装面包可以在网上买到——芊小桌儿的回答"

该回答百万阅读，过万赞，成交 4 000 单，帮助店铺从新店升级为 4 星店铺。

加了链接和说明的推荐，可以让阅读者对你的作品有更深入和重点的了解，获取到更多信息。

2. 根据行业大类准备 2~3 份不同侧重点的简介。

比如我其实有不止一个擅长的领域和代表作品，给到美食领域客户的简介，我就会把在美食领域的创作成就和代表作前置；如果对方是宠物领域，我就会把宠物领域的内容顺序调整到前面。以此类推，基本有 2~3 个版本就可以了，调整很小但会更有针对性。

3. 简介定期更新，增删代表作品、更新报价。

我的习惯是以季度为周期进行简介更新，主要调整的范围是创作成就、代表作品和报价，避免信息过期或者没有及时调整价格。

如果你已经签约了 MCN 机构，简介这部分工作他们会替你完成，但如果你是以个体形式运作的话，简介是非常重要的自我展现方式。

⓪②▶ 方法二：让你的合作意愿被明确看到

除了简介之外，MCN 机构或者品牌方在考虑合作之前，一定会去你的账号主页详细浏览的，这时我建议换位思考，模拟他们在一个平台选合作账号的过程，去确定对方看到的是不是自己正好想展示的重点。

● 如果你是 MCN 机构你会怎么选账号？

其实账号初期让 MCN 看到比让品牌方看到更为重要，因为现在大多数品牌投放都需要通过 MCN 去组织，大部分创作者的首次合作都是通过 MCN 机构完成的，MCN 就是给品牌递名片的角色，过了这一关，你才有可能被推荐给不同客户。

初次合作后，能给 MCN 机构留下好印象、合作效果也不错的账号会有很大概率被机构推荐给品牌复投。

他们会重点考量你的哪些信息呢？

1. 配合度高：包括时间上和内容产出上；
2. 内容优质：内容符合品牌调性，能降低 MCN 和客户沟通阻碍；

3. 价格合理：不过高也不过低（过高影响推荐，过低利润驱动不足）；

4. 善于维护：对发布内容有一定程度的维护，比如 3 个月内没有密集接竞品推广，对品牌产品深度持续使用并主动输出内容。

除了这些基础的信息外，日常保持跟 MCN 的紧密联系很重要，要及时告知自己的最新动态及成就（比如装修、怀孕、养宠等特殊时期），丰富你在 MCN 那里的信息，方便 MCN 给合适的客户推荐。

● 如果你是品牌方你会怎么选账号？

品牌方直接负责的情况有两种：要么是大品牌有自己的市场部，有专人负责投放，不需要经过 MCN 机构；要么品牌方很小或者在创立初期，想要节约第三方费用，因此选择亲自挑选账号投放。

还有一种情况是品牌直接指定账号合作的，但是通过第三方去执行，也就是说无论这个账号签约了哪家 MCN，品牌都会指定其合作，也算在品牌直投范畴内。

你的哪些信息或表现会给自己加分呢？

1. 该品牌产品的真实用户，尤其是高价值小众品牌；
2. 平时就有该品牌的主动推荐或分享的内容；
3. 初次合作中效果较好或者给出过有价值的意见。

没错，很多选择都无法避免主观因素的影响，就像两盘烤好的脆皮五花肉摆到你面前，明知它们是一锅出炉的，品质相差无几，你还是会不由自主地选择摆盘漂亮的那盘。

这一部分提到的细节，就是让你在已经具备了一定客观实力的基础上，去主动干预对方的主观判断，增加合作的可能性。

在我进行了这样的调整后，收获的是某厨电品牌一年内 8~10 次的合作，几乎月月有新合作；另外还有 2~3 个品牌一年内 3~4 次的复投，很多平台类的客户也是每次必选我的账号，这就是细节的力量。

第六章 白馒头·万物自有生长周期

一　发面规律：成功从不是玄学

在我眼里，馒头是发酵类面点的第一课。

虽然祖籍就是山东，爸妈也做得一手好面点，但蒸馒头这事儿在我眼里一直就像是施展魔法。魔法的意思就是：成功的时候很神奇，失败的时候怪运气。

印象里总有那么几次，我妈满怀期待地揭开一大锅刚蒸好的馒头，然后瞬间期待变成愠怒，从里面挑出来一个皱巴巴的丢到一边，嘴上还嘟嘟囔囔的："每次都有一个丑的！咋每次都有一个丑的？！"

所谓丑的馒头，就是没能很好地发起来，或者布满了褐黄色斑点。我妈死活不明白，为啥不是每次都能蒸出一整锅个个白胖暄软的馒头。

那时候我年幼，理所当然觉得蒸馒头好难，尤其妈妈都搞不定的事儿，更是难上加难。但是现在我作为偏中餐的美食创作者，馒头、包子、大饼这类传统面点终究是躲不过去的选题。而且根据长期的观察，面点真是久盛不衰的流量密码，常写常新，别看一点都不新鲜时尚，但广大读者还真的需要。

那咱不得研究研究？

一研究不要紧，我一个电话打过去给妈妈："妈，你知道为啥你一锅总有几个丑馒头出现吗？你想想是不是酵母发酵的温度不对？或者没有揉匀？或者是不是没有二发？不然你检查下锅盖哪边有没有漏气？"

我妈说："哦，那是你小时候的事儿了，现在咋做咋成功。"

仔细问了下，原来小时候的酵母远没有现在的标准化程度高。上一代人做馒头的手法，靠的是代代相传的经验和感觉，也并不会去仔细研究哪一步是决定性变量，加上工具的密封性、保温性都不如现在，自然不能保证100%的成功率。

但现在就不一样了，随便一袋儿酵母后面都有酵母和不同面粉的使用比例，还详细写了标准发酵流程，加上很多厨电都自带恒温发酵功能，甚至有了揉面机，面都不用自己揉了，所有的变量都在一个可控范围内，成功率自然就提高了。

人们都喜欢把无法完全掌握规律的事儿称为"玄学"，体现出来的其实就是结果的不确定性。

在很多人眼里，你的内容受不受欢迎，也是一种玄学。

很多人会把这归结于"文笔"，但在我看来，文笔对创作的影响更多体现在能长时间专注阅读的纸媒时代，在碎片化的网络阅读时代，我们要跟读者做朋友，就要学会：像聊天一样写作。

想要抓住读者，就要学会怎么用文字跟读者"聊天"。因为如果想要学习干货或者精进专业，他们会有别的选择，既然来看你分享生活了，就是想体验不一样的人生，或者得到额外的快乐。

那先让我们回忆一下身边很会聊天的人都有什么特点。

> 是不是同一件事他们讲起来就会抑扬顿挫、妙趣横生？
> 是不是讲述者会很注意你的反应，随时跟你互动？
> 是不是总有意外的剧情发展抓住你的注意力？
> 是不是会用很多表情、动作辅助自己的表达？

有的人聊天、演讲、辩论具备天生的节奏感，他们会通过各种方式抓住你的注意力，吸引你的兴趣，让你跟着他的叙事和气氛往下走。很多人通过后天的练习也可以实现。

写作也是这样。

01 "节奏"决定看你的内容会不会累

有长有短的句式、主次分明的分段就相当于一个人讲话的语调变化和停顿，是打破无聊的法宝。描述一件复杂的事儿，切忌大段大段地铺陈，在描写方式不变的前提下，尝试多分段，留给读者喘息的时间，会让阅读自带流畅感。

举个例子，同样描述和面过程，一个平铺直叙的描述可能是这样：

> 和面加水需要分次。比如饺子皮、面条需要筋道一些，和稀了，对后期成品有影响，口感也不好。和面稀了不成形，醒面后，会粘手，不适合做饺子皮，所以需要慢慢加，面粉慢慢吸收水分，慢慢成棉絮状，再揉成整个面团，这样看着

> 比直接加水慢，但是要比直接加水省时间。不然就会出现水加多了、面团湿乎乎的情况，你再加面粉也不知道加多少，湿乎乎的面团粘手，然后，啪，挖一勺面来，看着又好像有点干，不好揉，咕咚咕咚加点水，又不小心手劲抽大了，水好像又加多了，然后，再加面粉……不知不觉，时间又过去了很久，面团变大了，可能费了老半天劲，才做成了需要的面团成品。

我不知道你们什么感觉，如果不是刻意要求自己，我根本看不完，通读下来的感觉就是累，以及没有重点。

我们调整下段落和表达后会是这样：

> 和面需要分次加水。
>
> 饺子皮、面条的面团需要筋道一些，和稀了醒面后会粘手，成品也不成形、影响口感，所以水更得慢慢加，缓慢加水把面粉搅成棉絮状，再揉成面团的方式，看着比直接加水慢，但是比直接加水成功率高。
>
> 不然一次性加水加多了，会导致面团湿乎乎，再加面粉手上也没数，随手挖一勺"啪"丢里面，感觉又干了不好揉，于是咕咚咕咚又加点水，没控制住水又加多了，为了补救再加面粉……
>
> 不知不觉试了很久，面团越来越大，费了老半天劲，才调整到了需要的面团湿度。

其实两种表达方式，我在文笔上几乎没有做什么修改，仅仅是调整了字句长短、顺序和分段，但你有没有觉得，后者的描述读起来不仅更轻松，而且更具有场景感？

02 把读者拽进你营造的氛围

好的作者是很善用细节描述的。细节的强大作用之一，就是帮你把宏观的、不熟悉的感知，细化到熟悉的事物和感受上，从而得到你的理解和共鸣。

比如直接写"第一次坐飞机很害怕"，你可能感受不深，但如果跟你说：

> "身体保持僵直的坐姿固定在座位上，飞机每晃动一下就感觉有冷汗从头发缝里钻出来。手指紧紧地抠着座位扶手不敢动，生怕自己的每一次移动都引起飞机的颠簸。
>
> 耳朵嗡嗡的，只好通过不停吞咽口水来缓解，每当乘务员走过就需要表现得更加镇定些，担心她们真的走过来安慰你说'没关系'"

这样，你就会感受得到作者第一次乘机的恐惧和尴尬。

另外，多用疑问、反问等引导句式，营造"聊天"氛围，比如"你是不是也这样？""我不知道你有没有经历过？""你说我还能怎么办？""换你你能怎么办？"也能提醒读者当下就进行换位思考，及时进入你想营造的氛围。

③ 意料之外又情理之中

反转和意外是写作常用的技巧之一。但当一个技巧被使用得过于普遍时，就需要注意它和"自然"之间的平衡了，不然用得过多会显得浮夸和套路化。

如果你不是写小说和剧本，仅仅是想在保证内容真实性的基础上增加一些有趣的记忆点，那可以试着采用转折点"前置"或者"后置"的技巧。

因为你既然想要描述一件事，自然意味着这件事具有可被记录的价值，有价值的内容中自然是有些反常规的信息。

● 转折前置

就是开篇就丢出最大的转折，引发兴趣，让读者好奇发生的过程，从而开始阅读。

比如写你蒸馒头接连翻车的经历，大可以一开始就把结论丢出来：我用了50斤面粉，连一个能吃的馒头都没有做出来。

夸张数字和结果的反差会吸引读者一探究竟，点进去看看你这个倒霉蛋到底发生了什么。

● 转折后置

就是在读者已经进入氛围，认为理所应当的时候，给出意外的发展，打个措手不及。

依然是蒸馒头的过程，比起"快来试试吧"，你还可以尝试

场景化的有趣结尾：夜幕降临，当我端着一筐终于成功的白胖大馒头露出欣慰的笑时，忽然发现，我根本没做可以配馒头吃的菜。

一个实际生活中极有可能发生、与正文主题无关，但又合情合理的转折的出现，提升了整篇文章的生活感，同时也会是有趣和有记忆点的结尾，让你的内容有更多的人情味。

无论是前置还是后置，都是在不篡改事实的基础上进行的加工，因为不会影响到内容表达的真实自然，却能给你的表达大大加分，是很好用、难度也不高的技巧。

我每次写完东西，喜欢大声地朗读一遍。在朗读过程中，如果发现哪些表达拗口，或者过长过短，就会立刻进行调整，直到整篇文章调整到顺畅的情绪表达和比较活泼的叙事节奏。

大声朗读作品，感觉在跟人聊天讲故事，你有信心讲完或者保证对方不走神就算过关了，这个方法，你也可以试试。

当然，以上技巧都是加分项，都是建立在你有基础的内容表达能力和有一定价值的选题角度基础上的。但是，让你的内容能被"看得进去"，是决定你的内容能否受欢迎的基础条件。

二 忽然被撩？魅力展现也有技巧

做馒头这件事，成功的最大关键就是控温。

酵母激活需要控温，发酵需要控温，二次醒发需要控温，最后的熏蒸更需要控温。

听上去像做化学实验一样复杂，但其实记住 4 个数字就完全够用了：37 摄氏度、35 摄氏度、20 分钟、100 摄氏度。

> 37 摄氏度指激活酵母的温度，最好用 37 摄氏度左右的水温去融化酵母，过低容易导致激活不够，过高酵母就被"烫死"失效；
>
> 35 摄氏是指每次发酵的时间，包括和面后第一次的面团醒发和整形后第二次的面胚醒发，都需要在 35 摄氏左右的温度下进行，过低抑制酵母活性影响发酵，过高容易发酵过度，馒头吃起来偏酸。
>
> 20 分钟是指每次发酵的时长，当然也需要配合肉眼观察，比如膨胀至 2 倍大，说明发酵较为充分。
>
> 100 摄氏度就是上锅蒸的温度，在没有其他发热设备辅助时，水开就默认 100 摄氏度，需要注意的是，为了增加成功率，蒸馒头的时长是以水开后为准的。

这四个数被我称为"蒸馒头四要素"。掌握之后就像是一个有着丰富感情经历的人一样，懂得把握每一段恋爱中的节奏，通过一些关键节点牢牢掌控感情走势。

虽然我不赞同在现实生活中成为一个"海王"，但是如果你把这些技巧运用到写作中，让读者关注你就要先让他们爱上你，那咱们就可以尝试在普通内容中加入"撩人"元素。

在这里，我有一些好用的"撩人技巧"可以分享。

01 以前的书写工整，现在的"视觉标签"

上学时，考试前老师经常跟我们讲，字一定要写工整，内容好不好是另一回事，字写得工整点总归可以多拿点分。"书写工整"其实就是降低阅卷老师的批阅难度，至少一眼扫过去不会烦躁和不耐烦，留个好的印象分，才能去看你都写了啥。

网络阅读时代，用不着你写一笔好字了，但排版变得更为重要。

经常有人在网上毫不客气地指出一篇排版舒服、图文并茂的内容是"营销文"，但这是贬义吗？

不一定哦。

一篇内容能从形式就被指认是营销文，说明作者掌握了排版的基本技巧，只是这种技巧过于实用且没有个性，所以会让读者给类似的形式打上"营销文"的标签。

那你内容的"视觉标签"是什么？

多媒体时代，有的是工具可以成为你文章的视觉标签：

> 有的人喜欢在文初插入一首歌；
> 有的人有专门设计的成套的图标工具；
> 有的人每篇内容里都有实用的GIF图；
> 有的人虽然不爱插图片，但一级、二级标题运用得很严谨；
> 有的人每次都会有固定的开头和结尾。

而我在写文前期，会靠大量大无水印表情包，让表达更生动。同时，那个阶段的读者极少在菜谱里见到表达情绪的作者，所以一看到带表情包的美食图文，就一眼能看出来是我。

后来这个办法被很多人学走了，我就开始让美食拍摄更有特色一点，比如加入猫的元素，加入随意的元素，有时候，一个完全不符合我审美的艳色大盘子也可以成为别人一眼认出我的标签。

再后来，我花钱找人设计并统一了我的 logo、分割符等元素，保证它们在各平台的统一。

这些都成了每个阶段我的视觉标签，先不说读者喜不喜欢，起码可以让你以一个相对固定的形象被鉴别出来，这就相当于考试时候的卷面分，有总比没有好。

这相当于你跟读者见面后的第一"撩"，目的是让读者对你眼熟。

02 以前的核心思想，现在的"干货金句"

以前书本上一篇文章最有价值、最值得被反复推敲的就是作者想表达的核心思想，所以考试也总爱考这一部分。能选入语文课本的都是经过千挑万选，有较高含金量的文章；全民创作时代，创作的自由度高了，一篇文章甚至一本书能有那么 1~2 句让人醍醐灌顶、广为传播的干货或金句，就已经算是没白写了。

所以我是一定会在每篇内容中，保证有一个实用干货或者一个有趣的比喻。

比如描述三汁焖锅上面铺满蔬菜的程度，我会用到的描述是：

> 将腌制好的根茎类蔬菜铺进去铺平，铺平，像林间小路那样看上去坑坑洼洼但总体是平的那种平。

这样一来，就把根茎蔬菜大小不一但能保持总体厚度的状态描述出来了。

描述油温，我不会用七成热、八成热这样的模糊词汇，而是直接给出体感判断：

> 将手放到离油面20厘米的地方，感受到明显的热气但还能忍的时候，下虾仁（五、六成热）；
>
> 看到油面开始冒出淡青色的大烟，手在旁边就能感到灼热时，下锅炸（七、八成热）。

你的内容有了这样的干货内容或者有趣的金句，就有了记忆点，也就给了读者点赞、收藏你的理由。

这是你给读者的第二"撩"，目的是让读者忘不掉你。

03 以前的读后分享，现在的"赞转评藏"

其实就是引导行为，数据分析，当你在明确提出希望得到点赞、转发、评论时，得到的反馈会比你不提及高出30%左右，这也是为什么B站上有经验的UP主总不会忘记在视频的合适位置提醒你"一键三连"。

如果你处在一个私域流量池中，比如公众号，一旦你的内容被转发，就形成了二次传播，有利于你打破封闭的流量圈；而如果你处在一个公域流量平台，那么转发、评论、收藏等数据都会让系统算法将你识别为更优质的内容，进而推送给更多人。

而我的小技巧就是：

> 当我想要更多评论，我会放弃"专家"身份，开始示弱，比如询问某食材更有效的处理方法，或者求问一种食物的当地称呼，通常就会收到比平时更多的评论。
>
> 当想要更多收藏，我会在文中提示明确的场景，比如同样是黄油饼干，我会开篇就提到因为这种饼干耐储存，所以非常适合带去春游野餐，也很适合作为异地恋人之间互相赠送的礼物，这样就会额外得到一些收藏。
>
> 当想要更多转发，我会在文中增加一点"反认知"，比如会写吃沙拉根本不减肥，因为很多沙拉酱都是隐藏的重油重盐选手，这样文章就有可能会被转发给正在减肥的人，由他们再进行更多轮的传播。

这就是你给读者的第三"撩"，也是让读者上瘾的关键，目的是让读者从旁观者变成参与者，有跟你共同完成内容的心态。

当然，上面举的例子都是很浅显也很常用的例子，也有很多更见效的技巧是我不提倡的，比如某平台常见的站队、蹭热度等，都能立竿见影地起到提高"赞转评藏"数据的作用。但是这对账号本身的商业价值没有帮助,甚至有可能导致被封号或者被品牌方列为高危账号,是我极其不提倡的目光短线的做法。

其实内容做得足够久,怎么突破读者的预期,什么小技巧能撩拨到观众的神经,怎么样的开篇和结局能让读者上瘾,都是可以总结出来的规律。但比较让人心累的一点是,这些规律变化得也非常快,比如我列举的这些技巧,等书出版到大家手上后可能就不那么奏效了。

但我想说明的是,无论读者的审美如何变化,能让读者看着舒服、看到惊喜、看到价值的内容就像是优质面粉,而具体形式和技巧,就像活性强的酵母,两者碰撞到一起就会有完美结局,你要做的就是找出它们的完美结合点,总结出新的"关键要素",植入你自己独特的"撩"点。

三 选对平台,让爆发更有力量

懂得怎么写内容更易被阅读,又掌握了如何用文字撩到粉丝后,下一个要考虑的就是选择在哪个平台发力了,这也是新手创作者经常会问到的问题。

还是用蒸馒头举例子,发酵完成的馒头面胚相当于你的作品,而把它放到哪里蒸熟就相当于你选择在哪个平台发布。

看上去最后这步很简单,怎么选都大差不差,但其实你以为

简单的"蒸锅加水蒸"就能解决的问题,在具体操作中有的是细节差异:

> 锅里加多少水不费火力还能不干锅?
> 一个蒸锅可以蒸几层馒头?
> 蒸的过程中可以开盖检查吗?
> 蒸好后是立刻开盖还是稍等片刻?

不同的平台就像是不同的蒸锅、不同的水位、不同的手法,使用不同的平台得到的结果也不相同,而只有多次尝试才能找到最妥当的步骤:

> 水位距馒头面胚三指左右,既可以保证有足够的蒸汽,又不会因为水面沸腾溅到馒头上,影响面团膨胀;
>
> 每层预留2倍面团高度,可以保证膨胀充分的馒头不顶到上一层或者锅盖;
>
> 蒸的过程中不要开盖,不然温度骤降会影响面团膨胀;
>
> 蒸好后稍等片刻,待温度降下来后再开盖,有利于馒头成型,成品更饱满。

用最适合的方法可以让馒头呈现最好的状态,而你选择在哪里发布自己的作品,决定着作品的内容能不能得到最好的发酵。

碰巧,我之前说过刚刚尝试做全职自媒体的时候,我曾经强迫自己在多个平台进行日更,也是想要找到这个问题的答案。在这个过程中，我发现每个平台都有自己的气场，如果内容跟平台气场刚好对应上，就会事半功倍。

气场这个词儿有点玄，咱们拆解一下，其实就是平台的展现形式、受众画像、风格和供需关系。

01 平台的展现形式决定你的表达方式

同样是适合美食类作者创作的图文平台，知乎、公众号、小红书、微博、下厨房有极大的差异。

知乎、公众号都是沉浸式长文阅读，非常适合做完整的表述，适合有起承转合的内容、有铺垫的包袱或者需要很多信息才能讲明白的内容。在这些平台，图片是作为调节阅读节奏或者配合说明存在的，不占主导地位。

但是在小红书、微博、下厨房中，图片的作用几乎跟文字对调，没有吸引人的图片，很难有人去阅读你的文字。

我一开始是从知乎和公众号开始写的，我的内容带有非常明显的长文特征，又喜欢在菜谱里讲故事、藏包袱，因此篇篇动辄2 000字以上。

这样的内容移植到小红书、微博、下厨房就很尴尬，为了满足这些平台的字数要求（小红书千字以下，微博、下厨房则是文字越精简越好），我需要删减大量有趣的内容，只剩下简单的步骤，这样一来，我的内容就泯然众人了。

更麻烦的是，长文配图，为了让排版更紧凑，一般以横图为主；而小红书、微博则是竖图，这样能获取更多视觉面积。所以，我每次都要重新裁切图片，工作量增加不说，裁切后的图片视觉中心发生转移，往往也不那么出彩了。

02 平台的受众画像决定你的用词方向

之前我写过，看上去每天的内容同步是简单的搬运，但其实如果想要获得好的效果，必须要根据不同平台的受众画像做标题和关键词的调整。

比如同样是馒头教程：

> 知乎用户注重原理和干货，我给的标题可能会是：《37度、35度、20分钟、100度：馒头发酵完全指南》；
>
> 公众号注重个人风格，我的标题就会变成：《交出你的面粉来！小桌儿给你变出白胖大馒头！》；
>
> 小红书用户大多只看图片和第一句文案，我就必须用夸张点的开篇抓人：《被20w网友围观的馒头教程，一步不差教给你》；
>
> 下厨房用户注重实操，描述的精确性和可信度就很重要：《自用7年的馒头发酵配方0失败教程》。

与以上都不同的，是头条号和百家号，这两个平台初期全都是靠算法驱动的。

所谓的算法驱动就是机器按照一定的规则检索识别博主们发布的内容，以此决定是否会推送给更多人。

早期头条号和百家号玩得好的个人和团队，注意力并不会过多放在内容呈现上，而是会更多地琢磨标题是否能"踩中"有效关键词。

而且因为这两个平台用户年纪偏大，对信息的鉴别不那么敏感，于是很多人就利用"夸张的、反差的、悬念的"标题来吸引点击，用户被吸引点进去后，发现文不对题或者信息量极少：

> 《不蒸不炒不开火，全家吃得乐呵呵》：点进去过后发现是电饭锅菜谱，用电不用明火，可不就是不开火。
>
> 《食物中毒太可怕，只因99%的人做错这一步！》：点进去一看，发现翻来覆去都只是说把食物煮透这一个信息。

不得不说，这样的方式真的很有效果，但是时间长了，会让创作者的注意力从内容转移到博眼球的标题上，我个人觉得这会影响内容的生命力。所以，在这两个平台我拿到美食领域的优秀创作者认证后，就大幅度减少了精力分配，仅作为防抄袭的平台去同步了。

03 平台风格决定你的表达重点

大家都知道，我的第一批读者积累是在知乎完成的。

这其实是个意外，毕竟谁能想到在男性用户居多、以干货和硬核知识为主的早期知乎，会成为适合我这样的美食答主成长的平台呢。

但后来我复盘这件事，发现虽然知乎看上去严谨、专业、理性，但它的另一面特质也很突出，那就是"脑洞"。

最为经典的"假如吃一小勺太阳会发生什么？"这类异想天开的话题，在别的平台可能会无人问津或者成为段子素材，但在知乎，却有上千人从天文、物理、生物、人体甚至二次元的角度给出一本正经或者看似一本正经的回答。

也正是这样欢迎"脑洞大开"的平台，才会欢迎我这种不走寻常路的脑洞菜谱生根发芽。

而知乎偏年轻的用户属性也决定了他们不太在乎你是否是专业厨师出身，你写的东西他们觉得有趣反而更重要。

所以在知乎，无论是严谨的还是模糊的传统菜谱都没有流行起来，反而是带有强烈个人色彩的段子菜谱为我争取到了一席之地。

再看看微博。

微博是个让我认知产生很大转变的平台。

早期玩微博，我只是将知乎的内容简化一下，精选9张图发布，但我发现这样做数据会非常不好，因为微博的美食类内容太多了，我入局得又晚，无论我的内容多么精美或者有趣，都已经不足为奇了。

所以我硬着头皮更新了半年后就放弃了，开始把微博当成纯休闲平台。

但没想到玩着玩着,我忽然就有了新的发现:微博是一个"人在内容前"的平台。

意思就是在微博,你的个人标签比你的领域标签更为重要。

因为微博是一个极具娱乐属性的平台,大家除了在这里搜索明星八卦外,更习惯利用碎片化时间来寻找有趣的人和事。所以你首先要高频出现在时间线上,其次要有极强的个人特色,无论写什么内容,最好都有自己的观点和立场。

有了这个认知后,我开始在保证一定比例美食内容的基础上,高频输出我的观点和风格化的描述。由于很多创作都是有感而发,且不拘泥于固定领域,所有的产出都是为"芊小桌儿"这个人服务的,所以我的创作压力更小、灵感更多,经常创作出赞数上千、阅读百万的博文,还数次拿到金 V 标志(需要在 30 天内累计阅读过千万)。

就这样,调整了策略后,我用了一年时间,粉丝就从 1 万涨到了 22 万,虽然距离微博大 V 的距离还很远,但要知道,在这之前我吭哧吭哧更新了 3 年,粉丝也就勉强过万而已。

04 供需关系决定你的成功机会

这其实就很好理解了。

当一个平台刚刚好缺你这个领域或者你这种风格的创作者时,供不应求,竞争压力小,你被看到的概率自然就大,粉丝积累得也就更快。当平台同类内容已经饱和的时候,你再入局,留给你的机会就很少了。

这也是后来我将更新小红书和下厨房的时间减到最少的原因。在我开始做的时候，这两个平台的美食类内容早就饱和了，我需要耗费更多的精力才能勉强抢占一席之地；而这样的精力放到其他美食内容还不饱和的平台上，收益更高。

这也是平台趋势的问题，顺势而为事半功倍，逆流而上事倍功半。入驻一个平台前，一定要分析自己切入领域的内容量，做好权衡、管理好预期、分配好精力，才能把劲儿用对地方。

这也是我一直强调执行力重要性的原因：当你还在观望的时候，执行力强的人已经提前入局，吃了第一波红利。

在经历了小半年无差别日更后，我逐渐搞清楚了哪些平台更适合我，最终确定了以知乎、微博、公众号为主要更新平台，其他平台仅作为同步平台的精力分配方案。

还在犹豫平台选择的你，在读懂我提到的这四点之后，还是建议多平台同步更新，切身体验几个月后再下结论。毕竟内容和平台的匹配度是件很微妙的事儿，有时候契机就藏在一次次尝试中。

四 变身，你做好准备了吗

搞定了内容基本功、收获了第一批粉丝、选定了主要平台后，就可以考虑我们最关心的问题了：内容持续实现收入。

这个阶段需要跳出创作者身份看问题，要让自己看上去具有合作价值。

很多人在合作过程中，总是感觉很别扭，但又说不上为什么，其实就是因为身份角色没有转换过来。在商言商，不是说让你毫无底线地去配合客户要求，而是需要你平衡创作者和个人媒体这两个身份。我很久之前做文案，老生常谈的一句话就是"戴着脚镣去跳舞"，说的就是这种平衡。

一旦决定赚钱，你就不是一个单纯的创作者了，必须具备一定的商业思维，因为每一个实现收入的机会都是一次小型商业合作。

如果你觉得个人创作自由高于一切，那么至少品牌推广类的合作就不适合你，你可以去选择流量分成的方式实现收入。无论你是想让自己的内容实现收入，还是最终面对市场，都需要自己走出个人审美的圈子，接受第三方的价值评估，这是必经之路。

如果你准备好接受市场的洗礼了，那马上就会面临两个问题。

> 适合你的合作方式是什么？
> 第一单合作从哪里来？

01 问题一：你到底适合单干还是适合签约机构

单干就是品牌联系、商务洽谈、合作推进、内容创作、关系维护、费用收取等所有环节都自己搞定，优点是不需要与人分成，缺点是会占用你大量的时间精力。

签约机构就是把内容创作之外的事情都交给机构，自己只要负责产出符合要求的内容即可，优点是省心省力，代价是你需要分成给签约机构。

这两种情况没有明确的优劣之分，因人而异，你更适合哪种需要具体分析自己的情况。

这里我提供两个衡量标准：

一看品牌方是否能通过搜索或者你的主页注意到你。

> 你是否在某具体搜索词下有数据比较好的内容？
> 你是否持续产出了垂直领域内容，或者保持了鲜明的创作风格？
> 你的个人主页状态是否是写明了联系方式的"合作友好型"？

如果以上都做到位，不嫌麻烦的品牌方是有可能直接联系到你的，你可以通过有没有收到品牌方的合作邀请或者私信来判断。

如果你频繁收到品牌方的合作邀请，说明你并不缺少商业机会，只要价格和合作方式谈妥就能实现收入，这种情况可以考虑独立接单；如果你觉得自己的内容和粉丝量已经到了可以实现收入的级别，但接不到品牌合作邀请的话，就可以考虑签约机构帮你洽谈商务。

二看你的现实情况更适合单干还是通过机构合作。

> 有商务谈判能力、时间充裕、响应时间短、情绪稳定的创作者，可以尝试独立接单；
>
> 只具备领域专业能力，比较敏感、不具备商务能力或者时间较少的，适合签约机构。

比如我个人虽然能力比较综合，按理说是可以搞定合作的全线流程的，但我偏偏对别人动我稿子这件事比较敏感。如果我直接跟品牌方合作，遇到懂我欣赏我的还好，如果遇到不太了解我、不太了解知乎调性又态度强硬的品牌方，会让我非常难受，甚至想取消合作。如果签约了机构，且不说他的专业性如何，至少在需求和实现之间起到一个平衡，能更好地让合作在一种比较友好的气氛中进行下去，且后期结款是不需要你操心的，自然有一套流程在监控整个进度。

当然在实现收入初期，很多创作者会担心跟机构分成对自己的收入影响很大，但其实据我熟悉的知乎、微博、公众号等平台而言，个人和机构的分成比例从2∶8到5∶5不等，但哪怕是同个平台、同个机构和同个账号，你们的分成比例也可以根据你账号的发展阶段去调整比例，在签订合同时约定调整周期就好。

而且不要小看机构起到的润滑剂作用和为你节省的时间。我在综合性广告公司工作过7年，非常清楚一个媒体公司在联系到博主之前需要做多少准备工作，而在合作过程中，关于修改的种种，他们又需要吸收和化解多少双方的意见矛盾。

所以我觉得机构跟博主进行分成，只要在合理范围内，都可以理解为在为节省时间和平稳情绪付费。

02 问题二：一直没有单子怎么办？

无论是独立接单还是签约机构，谁也不能保证你能很快开单，这个时候怎么办？

如果你是没有签约机构的独立账号，引入市场化视角，去检查你的账号在商业化角度存在的问题，真的有迫切接单需求的腰部及以下账号，建议签约，MCN 会帮你排查你的问题并给出建议。

你既然都没单子了，签约也没什么可失去的，不用想太多。

如果你是已经签约机构的账号，一般来说 MCN 能签你，就说明至少截止到签约前，你的内容是不存在太严重的质量问题的，但是签约后如果一直没有单，需要排查下面几个问题。

1. 报价是否过低或者过高？

报价过高影响推荐成功率，报价过低机构利润太低，推荐动力不足。

2. 签约机构擅长的领域是否与你的领域不匹配？

比如你擅长美食方向，你的签约机构擅长医疗、金融领域，那适合你的客户就会很少。

3. 你在所签约机构中的推荐优先级是否不高？

比如机构签了 30 个同质化账号，但别的账号粉丝量或者背书比你强，导致你的推荐优先级下降。

4. 你给机构留下的印象是否比较模糊？

比如机构无法获取你鲜明的标签，于是有客户出现时很难第一时间想到你。

如果出现以上任何一个层面的问题，都建议多跟直接负责你账号的运营人员聊聊。一般来说，负责把你签进去的人，也会多少关注你的账号，对你会更多了解，你抛出你的问题，大多都会得到建议。如果签约后既没有单子，也没有得到机构对你咨询的及时反馈，那你就可以考虑更换更负责、更适合你的机构了。

但无论如何，都记得要及时评估自己的账号阶段和状态，做出最适合自己的选择。

比如我全职自媒体第二年，账号刚刚做到腰部级别，竞争力不算最强，于是我选择了签约给机构。那一年，我在知乎单平台的收入超过了60万，其中40多万的商单都来自于这家机构，其余的20万左右来自其他机构的跨机构合作。

当做到第三年的时候，我的账号已经发展到了领域的头部，对商务合作的全部流程也很熟悉了。出于我之前的合作表现，有很多品牌会在初次合作后进行复投，也有更多的机构发来合作邀请，这时的我就没有跟任何一家机构签约，也没有选择跟原机构续签，而是选择成为"公海"答主。

这一年，我在知乎的收入突破了百万，年终盘点时，发现几大机构带来的合作机会几乎是均等的，这是在成为头部答主前不可能达到的平衡和成绩。

今年是我从事全职自媒体的第四年，面临着内容和形式的转型，所以今年可能又会考虑签约给机构，重心放在内容构建上。

你看，要实现内容的持续实现收入，需要你根据自己账号的不同阶段做出不同的合作选择，没有放之四海而皆准的标准，说到底，审时度势最为重要。

五 初次合作后，如何不成为"次抛"型创作者

无论是独立接单还是通过机构，现在我们假设你马上就要开始人生的第一次商业合作了，你骄傲、你紧张，同时又有点不知所措：如何开始？提供什么程度的配合？需要规避怎样的风险？怎样交出让大家都满意的成果？这是大多数创作者在本职工作中从未触碰过的领域。

我们之所以会忐忑，是因为我们期待通过一个好的开始，为以后更多的合作铺路。而事实也确实如此，成功的首次合作，会给品牌留下很好的印象，也会大大增加后续机构推荐你的概率；而一次不尽如人意的合作，就有可能让你成为只用一次的"次抛"型创作者。

如何避免这种情况发生呢？

我自从内容开始实现收入以来，已经完成了 100 单以上的合作。在这些合作里，我总结出来了一些关键点，这其中有品牌立场、

机构立场,也有读者立场,可以帮助大家相对完美地达成首次合作。

01 合作前期

关键工作:明确合作底线!

不少第一次接单的答主,出于想要促成合作的关系,很多要求不好意思提,造成了很多灰色空间,每一个灰色空间都有日后扯皮的可能,其实你明确自己的底线,品牌方或机构会更好操作,不要不好意思,职业化很重要。

作为合作者,在第一个阶段你的行为就要开始商业化、职业化,不要不好意思提出你的底线,这里的底线主要包括:

> 内容尺度(内容软硬程度、是否需要真人出镜等)
> 修改次数上限(最多修改次数,大改几次、小调整几次)
> 结算方式(回款周期及与机构的分成比例等)
> 授权范围(仅站内使用还是各平台分发,是否有额外费用)
> 项目意外中止的处理方案(分制作和执行不同阶段的方案)

上面列出来的每一项,都是我或者我身边的人经历过的"模糊地带",都是事先没有约定好,导致没有标准处理方案,但这些在实际操作中却有极大概率发生。

而这部分内容,即便是你和合作方签署了正式合同,都未必会被涵盖掉,所以需要你在合作前逐一进行落实,哪怕只是跟对方达成了口头上的共识，都能保证你有更多的主动权。

当然，以上操作都属于"丑话说在前头"。真正到实际操作中，如果对方稍微要求多修改了一次、回款时间稍晚了一点点之类，你都可以灵活处理。

咱们这里的提前约定，目的是让合作双方形成一个相对对等的关系。

②合作中期

关键工作：确认合作细节！
这里分独立接单和通过机构接单两种情况。

- 独立接单，你将直接对接品牌方。

第一步 树立合作共识

作为一个平台固定领域的创作者，其实你比很多品牌方对所处的投放生态更加熟悉，遇到没有太多投放经验的品牌方，反而你可以多花点时间去做一些介绍，帮助品牌方避免踩坑。

以知乎为例，其实很多品牌是近两年来才开始选择在知乎投放，而知乎的生态又与微博、小红书、抖音等有巨大不同，所以当我直接对接品牌方时，往往需要跟他们进行一些比较深入的交流，比如问题的选择、发布的时间点、内容的尺度等，品牌方其实很需要这些方面的帮助。

但这类沟通是针对有非常明确合作意向、只是在操作细节上需要优化的品牌，不代表每一个找到你的人你都要义务培训。而且很多平台都有自己的官方投放手册或介绍页面，遇到不确定合作意向又不熟悉平台的，都可以直接甩链接给他们自己研究下。

第二步 明确合作目的

作为独立接单的创作者，因为没有机构帮你去做信息的提炼和预期管理，需要你自己做好这部分工作。而其中最重要的一点就是了解客户投放的初衷，搞清楚对方到底是要品宣还是要销量。

不要以为品牌方都很专业哦。就我接触来看，很多对接人在前期都存在既想要品宣又要想销量的侥幸心理，这时候你要做的就是管理好他的预期。

这也是帮助客户完成他们投放目标的过程。你在这个过程多确认一步，就有可能帮助他更好地完成结案报告。

如果不进行沟通，合作时最经常出现的沟通误会就是：品牌方想要销量，而你的内容产出是按照品宣去写；或者反过来。

这两种目的对于内容切入的角度影响巨大，将直接影响着你的行文风格，甚至决定你拍摄素材、展示细节的角度和方向。

第三步 确定合作风格

品牌对于你内容的风格预期，直接决定你的创作自由度。

我曾经遇到过要求我按照小红书风格写作的客户，因为他们以前服务的客户主要投放小红书，我就跟他直接说，知乎是不适合这种风格的，这样写会被读者骂到自闭，对你的品牌也有影响，客户最终还是接受了我的建议。

这里我们不是说哪种风格好或者不好，而是水土不服的问题。你作为某平台的资深创作者，肯定最了解平台环境和自己粉丝的爱好，如果你能给品牌方中肯的建议，通情达理的甲方是会理解并对你印象深刻的。

- 通过 MCN 对接，你需要明确自己的身份

首先，你要学会转换身份思考问题。

创作者、机构和品牌的理想关系应该是：你跟品牌方是合作，跟机构是战友。

大多数机构都是希望合作顺畅快速完成、快速回款，所以他们会在品牌要求和答主产出中间做平衡，一般不会存在故意刁难创作者的情况，所以你的意见和建议可以跟机构直言不讳，他们会做出柔化处理后反馈给客户，没有必要过多猜疑甚至产生敌对情绪。

在这个身份认同的大前提下，合作就相对简单了，除非是运作太不正规的机构，独立接单人会面临的三大类问题他们都会帮你提前规避掉。

可能也有人有疑问，你说的是相对专业的机构，那我怎么避免合作到不专业的机构呢？

很简单：品牌有口碑、创作者有口碑，机构也有口碑呀！

平时可以跟其他创作者多交流，看看有没有踩到过什么坑，因为一个机构一旦出现存在恶意或者不专业行为，是一定会在圈

子内传开的，多了解一些可以避免踩坑。

另外，虽然你在签约机构之前已经约定好了分成比例，但在内容产出过程中产生其他例如道具购买、车马食宿等费用，需要自行承担还是机构或品牌报销，也都是需要提前约定好的。

03 合作后期

一般来说，合作后期主要就是两件事：内容/数据维护和结款。

- 内容/数据维护

虽然明面上我们说的是内容一经确认后发布，就代表对方认可了所有内容，我们没有义务配合修改。但是为了维护客户关系，同时为了对效果负责，是可以提供一定程度上的配合的，包括调整字句、二次曝光或协助投放等。

当然我们也要有底线，如果不是太麻烦的修改和调整，可以协助，如果比较麻烦的，就要提前明确协助的尺度在哪里。

这里其实有个给自己的加分项，就是如果你观察到内容效果不好，也可以主动提出自己的建议。这不仅是为他人提供方便，也是在锻炼自己的运营能力和内容把控能力。

- 结款

合作顺利结束后，就进入了结款周期。

如果是独立接单人，结款需要多注意时间节点，尤其很多项目的人员交替特别频繁，新的对接人接手后往往会延误之前的项目结款，需要你自己多操心。如果是机构签约的创作者，就省心一点，只要确定到手费用符合合同约定就好。

另外需要特别注意的一点是，无论以哪种方式结算费用，都需要明确对方是否已帮助自己上过税，不要在不知不觉中留下漏税隐患。

当你在合作前中后期都体现出自己的专业性，同时内容产出合格甚至优秀，在此基础上，还体现出了为效果负责的主观能动性，你就大概率能够进入品牌和机构的"优选名单"，为你们的下一次合作奠定基础。

所以不要小看每一次合作，持续实现收入的机会就藏在每一次合作的每一个细节中。

第七章 广式煲汤·创作和生活

美食中的流量密码——如何把爱好变成事业

一 料水比：一场利己与利他的博弈

我一直在强调，新手首次接触荤腥，想要增强自信心，建议先从煲汤开始尝试。因为煲汤步骤简单、容错率高，很容易成功，更重要的是调味简单，极简的操作就能获得极大的鲜美，非常能满足你的自信心。

但直到我去了一趟广州，在当地不起眼的小馆子里喝汤，尝到了更进一个层次的鲜美后，我才知道，原来我做的汤，还有那么多提升空间。

回来后照着方法调整步骤，果然汤的鲜度就提升了一个等级，而这诸多细碎的调整中，首先要注意的就是"料水比"。

"料水比"指煲汤时原料和水的配比。这个词并不是在烹饪中诞生的，但却非常直观：如果是以喝汤为主，一般来说煲汤的食材与添加的水比例在1∶1.5时，成品汤的色泽、香气、口感最佳。

但这比例并不是定死的，水多则肉味寡，水少则无法将鲜味激发出来，相互有制衡关系。

所以你想汤鲜肉美，哪个都不浪费，就可以把比例调整为1∶1，这样一来，汤的肉味会稍稍盖过鲜味一点，但可以让肉类食材也能保持口感，两者兼得。

要是完全不在乎食材，只想喝到鲜美的汤，那也大可以把料水比调整到 1∶2，汤味也会是更清甜鲜美的。

这其实就是根据目标去调整平衡的过程。这个平衡对于已经实现收入的创作者同样重要，是个需要格外注意的博弈。

如果我们把自己的干货内容风格看作煲汤的肉类，把实现收入的商业内容看作是煲汤的水，最理想的状态当然是汤味浓郁、肉味鲜美，两者互相交融，让读者哪个都舍不得。最重要的是，这两者的并存是决定你账号生命周期的关键：

> 如果内容一直得不到正反馈，更新动力就会不足，而实现收入其实是最直接的正反馈；
>
> 如果重心一直放在实现收入上，"吃相"不佳，又极易被读者察觉并嫌弃，导致账号数据越来越差，商业价值也会降低，最终失去实现收入的机会。

所以这个阶段，很多创作者最关心的问题就是"如何实现收入的同时不掉粉"。

要我看，这个问题的答案很简单：你得让读者对你上瘾。

对一个东西上瘾的表现，就是明知道这玩意儿你有不喜欢的部分，但是它最核心的价值是不可替代的；或者它让你喜欢的部分大大超过了不喜欢的部分，你就舍不得离开。

比如吃辣会上瘾，所以哪怕你知道吃完辣会拉肚子、长痘痘，你还是忍不住去吃；吃辣解的那种馋，是你吃鲜、吃甜都解不了的，这个瘾上来了，就是得吃辣才能解。

美食中的流量密码——如何把爱好变成事业

01 想要实现收入不掉粉，有两个简单易操作的原则

1. 不间断地提供让读者上瘾的内容，让读者舍不得。

这个很好操作，就是在实现收入阶段，提高非商单内容的质量，不要让读者产生"实现收入后质量下降"的联想。

我就见过有的创作者，平时会攒一些高质量的稿子，专门用于发广告的同时发布，以此抵消广告内容带来的反感，这一招被我戏称为"打一巴掌给个枣"。

也有的人会在每次发商业内容的时候，同时提供抽奖、发红包等活动，也是为了增加利他含量，让读者舍不得离开。

我经常玩的一款游戏就是这种策略，因为它经常要更新打补丁，每次一更新就要用很长时间加载，每当这时，它就会给你发放珍贵的游戏币或者道具，玩家不仅不会不耐烦，反而会有点期待每次的更新。

2. 控制好商单和自有内容的比例，不要打破平衡。

这个技巧就需要自己有一点取舍了。

大多数读者对自己喜欢的答主接商单是有一定容忍度的（容忍度为0，一发布商业内容马上就取关的读者也不符合你的期待），所以你只要把握好读者的容忍曲线，别突破临界值，问题就不大。

至于你粉丝的临界值在哪里，恐怕还得靠你自己去一次次测试了。

就我个人而言，我测试出来的合理比例，是在没有额外流量加持，纯靠自然流量和粉丝自然增长的前提下，自主创作的内容

3~4倍于商单的量，基本可以实现不掉粉，甚至略有增长。

02 更高段位的做法是将利己内容变得利他

就是让商单和自有内容混为一体，就像一碗比例完美的汤，要么让人想不起来要分开品尝，要么让人觉得两者缺一不可。

读者为什么不喜欢广告？是因为广告中有太多的夸大其词和隐瞒，是因为广告内容的趣味性和实用性太差，更因为广告风格总与他们喜欢的这个人的风格不符。

但是，广告一定就要长得像广告吗？试试用利他的方式去写广告呢？

1. 不要把商单当成商单。

我在接到厨电、美食、宠物类的商单时，会第一时间告诉自己：要把这个单子写成干货或者极具阅读性的稿子，写到哪怕带着明显的品牌信息也是一篇值得阅读和收藏的好内容。

这样也许我比写一个行活儿单子多付出了30%的时间，但这个商单对我的整体内容质量是有加分的，读者不但不会跑，反而会觉得我替他们做了测评或体验，品牌方也会因为你有更多的实用内容觉得你很走心，所以最终你会获得一个双赢或者三赢的结果。

2. 说服品牌，读者并非需要十全十美。

现在的读者都相当聪明，你说一件商品完美无缺是不会有人信的，话说得太满了反而会触发读者的警惕心理，进而对你整个内容的真实性产生怀疑，所以适当袒露品牌一些无伤大雅的缺点，并不太会影响购买，反而会帮助品牌筛选精准用户。

比如我在接到某高端品牌厨电的时候，向来都会在开篇就强调这个牌子"贵"，让读者有个心理预期，价格敏感型的可以看个开头就划走，不浪费自己的时间，也不会在最后看到价格后心生排斥；而继续阅读下去的就是真正的目标受众了。

3.完美的推广是帮它找到精准人群。

我们一定不能为了推广而说谎，把缺点说成是优点，但是可以匹配产品的优点，有针对性地推荐给适合的人（比如性价比高的推荐给价格敏感人群、实用性差但是颜值高的作为商务馈赠推荐等）。

举个例子，我测评过几十款空气炸锅，其中有一款价格高、容量小、热功效一般般，但是颜值特别高，我一般从不会给普通家庭推荐，因为家庭使用需求就是性价比和实用性，但有次有个生活类博主找我推荐，我就给她推荐了这款，因为我了解到她是想要跟自己家漂亮的家居环境搭配，平时几乎很少用，主要用来拍摄上镜用。所以推荐的时候我就把理由告诉她了，结果她买回去后非常满意，认为满足了她的所有需求。

你说是因为这个空气炸锅好吗？并不是，我只是帮它找到了最适合的用户。

4.规避风险，坦诚最可贵。

由于条件限制，我们其实做不到对每一个推广的产品都进行足够深入的体验，尤其是一些需要长期频繁使用的商品，合作方并不会给我们留出足够的时间去体验,这时候除了尽可能地去做调研和测评外,还需要你的相对坦诚。

你可以明确告知读者你的推广是实拍实测还是云测评,是经过实际体验还是做了数据归类调研,你得出的数据是经过专业部门鉴定还是自己多次测试总结,未来有可能会出现的问题是什么,这些前置条件列出后,读者会酌情参考,也会有心理预期。

这时候的坦诚是对读者负责,也是一份给自己预留的"免责声明"。

其实我一直觉得自媒体创作是个自由度很高的职业,你几乎可以完全只凭自己的决策去决定自己的内容走向。但自媒体又是个很难的挑战,因为怎么让别人看到你、喜欢你、离不开你,有太多细节和技巧需要你自己体会总结。

就像是煲一锅有自己风格的汤一样,一旦掌握了其中微妙的平衡,就会拥有自己的法宝,成为让别人难忘的好味道。

二 清汤白汤:创作的火候掌握

煲汤的时候,很多人会有一个疑惑:既然水的沸点都是100摄氏度,那为什么总是强调小火煲汤?

这个问题,我们从两个层面来理解。

首先,煲汤是不是全程小火呢?

并不是，一般来说是要分三步的。第一步，肉类食材冷水下锅焯水后捞出并冲洗干净；第二步，加全部食材和调味品，中大火煮开；第三步，转中小火熬制 3 小时左右。

每一步都有不可取代的作用。焯水是为了去掉肉类食材中的血沫和杂质，避免杂味混入汤中，影响口感；先煮开是为了将整锅食材及水加热至统一的温度；中小火炖煮是为了让食材内部的营养物质有足够的时间扩散到汤里。

其次，为什么是中小火而不是全程大火呢？

也有两个原因：首先是为了控制水量蒸发。如果已知一锅食材需要炖煮 2~3 小时才能达到最好的风味，开大火时水量蒸发势必远大于中小火，那么普通家庭的锅容量，中途添水是大概率事件，无论添冷水还是热水，都会稀释汤的风味，所以煲汤也总会强调一次性加够水。

更重要的是，小火有可能使蛋白质变性的速度减慢，使骨头内部的营养物质有足够的时间扩散到汤里。大火会使液体剧烈翻滚，不断撞击食材，加速小颗粒溶解和杂质的释出，汤就会越来越浑浊。

反过来说，如果想要汤色浓郁，就不仅要大火，往往还需要提前将食材煎炒一下，让食材附着更多油脂，或者跟汤产生更多接触，比如鲫鱼汤，就需要提前煎鱼，煎至鱼骨酥脆，再用铲子铲碎后加入热水煮沸。

大火煮白汤，小火煮清汤。无论大火还是中小火，都可以煲出来好喝的汤，想要什么样的结果，就采取什么操作步骤，但如果目标不明确，就很难验证过程是否合理。

写作也是这样，总有人问我"怎么写内容能火？"

我觉得这就是个没有明确结果目标的问题，往往我会先引导他看清楚自己的目的。

什么叫"火"？

> 稳定实现收入？
> 成为某平台某领域的腰部或头部？
> 形成被很多粉丝认可的独有风格？

这三个结果看起来是并存的关系，但放在实际操作中，其实是递进关系。

我把这三个目标拆解为内容创作的三层关系：

> 第一层：给自己看；
> 第二层：写给运营看；
> 第三层：写给读者看。

三层难度逐渐增加，但基本不可能越级实现，不然根基就会不牢固。

01 第一层：写给自己看

是说你写的东西能不能过自己这关。

这是写作的基本功，不要等内容写完丢给读者去评判，你要先自己有个大概的评价标准，比如写完后你自己有没有再次阅读的欲望？有没有信心分享给亲朋好友看？

如果你担心你自己无法客观评价自己，那就找个对标作者，把他的内容和自己的内容放到一起看，看自己有没有"惨败"。

以在知乎回答问题为例，我在回答一个新问题之前，会去浏览这个问题下的前 10~20 个高赞答案，主要看：

> 我的观点是否跟他们重叠？
> 我的切入点是不是足够新颖？
> 我内容的信息量够不够支撑我成为高赞？
> 如果是种草类问答，我的大部分选品有没有已被提及？

这些如果都有了肯定答案，我才会去回答，因为只有这样，我才能带给读者有价值的内容。

如果你觉得这个目标太高，你只是想练练手，那就主要从内容表达上去给自己提要求，找一个你能看得下去的答案，确保你写得比他更有吸引力，就算过关。

这一步虽然说是写给自己看，还是建议一开始的底线就定得高一些，因为一个账号呈现给读者的前期内容非常重要，平台的内容更迭节奏越快，你越要给读者呈现有价值的成果，而非一个缓慢的成长过程。

02 第二层：写给运营看

是说你写的东西能不能丰富平台的空缺。

这其实讲的就是顺势而为。平台的运营是保证一个平台内容数量和质量的关键，他们很清楚一个周期内，平台将要主推的内容或者紧缺的内容是什么，运营往往会通过各种方式去告知和征集。

很简单的例子，各个平台的官方账号、活动账号、创作者小助手，都是指南星一般的存在。你去看他们近期的动态，都发布了哪些活动、征集了什么作品、关注了哪些作者、在运营什么话题，那都是平台或者领域风向标，跟着走就是顺势而为。

我曾经在很多平台的创作者社群里。说实话，每个平台的社群运营水平不同，导致每个群的氛围也不同，但我相信每个群的创建初衷都是好的，只是很多时候运营人员的水平和平台的侧重点不同，导致每个群给大家提供的帮助力度差异很大。

这也导致有些创作者会对官方组建的社群有抵触心理，认为就是组织大家免费输出的。

说实话，我也有过这样的阶段。比如刚开始拓展知乎外平台的时候，我非常反感那些平台运营跟我说今天的热点是什么、哪些活动要参与，我做全职自媒体就是为了不上班，如果有人"管理"让我感觉自己又恢复了打工人身份。

举个例子吧,我先是去微博进行平台拓展的,因为我在知乎算是粉丝比较多,一入驻就被运营注意到了,他们给了我很多创作方向,但我倔啊,我就按照自己的节奏写,成绩就是一年涨了2 000粉。

后来我换了下立场思考:肯定是运营知道这个内容有人看,或者有流量扶持才会鼓励你往这个方向创作,按照运营给的方向走,一来流量肯定比你自己摸索多,二来运营会发现配合度更高、质量更好的创作者,一旦有什么流量倾斜甚至推荐名额,肯定是选配合度最高、最眼熟的创作者。

这两点对我而言都没有坏处,毕竟运营就算再有私心,水平再参差不齐,也不会有人放着自己的KPI不管,专门把你往沟里带。

于是我开始积极配合运营,参与官方活动,实际上我没觉得自己博主的质量相比之前有什么飞升,但今年的成绩就是半年涨了快20万粉。我也很快拿到了"美食热门达人""美食种草官"等认证。

所以如果你自认为内容尚可,写了一段时间后还没有起色的话,去试着积极参与平台的活动,争取早日进入创作者的社群,会对你有很大帮助。

这就是为什么我在知乎早已不看热榜答题,但是在微博还是需要紧跟着热搜创作的原因。因为在微博,我还处在第二层阶段,还需要依靠平台分配的流量和粉丝;在知乎,我的个人风格基本已经形成,不太需要去靠运营给予的流量去拿高赞,只要写出来自己满意的内容,数据基本都不会太差,我已经可以进入下一个"任性"的阶段了。

03 第三层:写给读者看

这就是你真正可以放飞自己的时候了。

前两步走完后,你的个人风格已经形成,写作习惯、输出频次基本成型,拥有了一定量的粉丝,你就可以实现选题和节奏自由了,也就是说,你可以稍微"任性"一些了。

但这个的前提是你通过第一步达到质量的高度,通过第二步实现答案冷启动的基础数据。

这也是为啥你们会觉得很多大V写什么都有人赞,因为大家认可这个人的程度已经打消了对他观点或者推荐可信度的疑虑,他已经有个人风格和专业度做背书了。

当然,到了这一步后,你的账号应该是稳定实现收入很久了,那么你就会有新的烦恼,就是如何在保持个人风格的基础上实现赚钱和个人风格的平衡,也就是我上一篇讲的内容。商业化内容太多,大家会觉得你"变了""不是从前那个我喜欢的人了",就算你不赚钱,也会开始有表达上的包袱,会反复斟酌一句话的用词是否严谨,避免被攻击。

这其实会失去很多创作和分享的乐趣。我跟很多个资深创作者聊过天,大家统一的感受都是"我变强了,但我的快乐也消失了"。等创作成为你的主要工作时,你是靠着职业精神去完成内容输出,而且要不断补充信息,才能持续不断地输出,大家的压力都明显大于以前随心所欲写的时候。

你还会面临着账号衰退期的问题,因为账号价值是有曲线的,个人账号到了一定程度,如果不转型、不破圈,是必然会面临衰退的,没有什么真正的常青树自媒体。

放平心态,创作这件事,在什么阶段有什么阶段的乐趣,就像煲汤,清汤白汤,各有各的取舍,不要羡慕下一个阶段的人,他们的烦恼可一点都不比你们少。

三 平衡感来自打破与重构

看到过一个很具有代表性的提问:炖肉和煲汤,原理都差不多,为什么前者肉好吃,后者汤好喝?

其实道理咱们上一章已经讲过了:

> 大火炖煮,可以让肉类食材的表面蛋白迅速凝固,让鲜味留在肉里,所以肉好吃;
>
> 小火焖煮,是让肉类食材的鲜味物质慢慢析出到汤里,所以汤好喝。

所以你明白了?

鲜味物质都是差不多的,保留在哪里,哪里就好吃。

看起来道理很简单，只有有经验的人才能准确把握炖肉和熬汤的平衡感，更多人，要经历很多次尝试才能找到最妙的平衡点。

这就跟人的创作状态一样，最长久维持的一定是精力分配达到平衡的结果。

我在成为一名全职创作者并且保持了一定频次的更新后，就经历过比较明显的状态失衡，具体表现为：我忽然发现自己再也无法好好放松了。

上班时候的我，工作日就是工作日，放假了就可以好好休息，暂时把工作抛在脑后；成为全职自媒体人后，工作和休息是没有明显界限的，甚至，在大家都休息的时候，反而是流量较好，需要你加倍输出的时间点。

这种变化开始让我非常兴奋，因为当在做自己喜欢的事情时，是不会计较休息和工作的。但是时间长了，兴奋感逐渐转变为一种焦虑，我开始睡不好觉，总想着数据那点儿事，半夜忽然醒来，都会摸出手机看看各平台的流量和涨粉情况，或者跟粉丝互动下。所以那段时间粉丝都知道我不爱睡觉，因为无论他们多晚评论，总能收到我的及时回复。有时候睡前忽然看到与自己领域相关的突发事件，顿时就可以睡意全无，弹跳到书桌前查资料、找角度、撰写内容，好确保在第二天更多人注意到这个热点之前发布出去，获得最好的推荐位置。

所以总有人纳闷为啥有些热点一出来，那些搞自媒体的就闪电般完成了内容创作，其实他们只是比你更敏锐预测到了热点的发酵程度，提前就开始准备了。当然，很多"及时发布"都是建立在牺牲了睡眠时间的基础上。

是的，全职自媒体半年之后，我发现我的睡眠时间和质量大幅度下降，虽然我之前也总睡不好，但之前偶尔失眠是因为不想面对周一，现在睡不踏实是因为不想错过热点。

不仅仅失去了酣睡，我还失去了玩耍的快乐。以前的我，看电影就是看电影，玩游戏就是玩游戏，出去旅游就是出去旅游，娱乐起来是心无杂念的；但是成为全职自媒体人后，你的身份会慢慢地想要从这个世界的参与者转变为创造者。

> 我在看书、浏览网上文章的时候，看一会儿就会如坐针毡，心里想的是"我怎么会坐在这里看这些？我不应该是去写这些东西的人吗？"
>
> 看电影的时候，也不能放松下来，总想着看完写一个较为深入的影评出来，不然"没有输出的娱乐就是在浪费时间"；
>
> 出去旅游更是如此，早早就计划了要去打卡的店面，有时候玩了一天回到宾馆，不睡也会写游记出来。

这看上去是一种积极的创作状态，但是身在其中的我却逐渐心力交瘁，因为它让我失去了沉浸式的放松和体验，我会一直被焦虑感催促着，脑子里总有个声音在拷问我："做这件事你有什么感受？你打算怎么跟大家分享这件事？"

因为当你习惯一个输出频次后，搜索选题和收集素材就成了

第七章 广式煲汤·创作和生活

下意识的行为，这样你就始终是站在局外的，你的潜意识总在观察你在一项活动中的反应，就得不到休息。

这种状态跟随了我很久，一度让我非常难受，我思考了很久很久怎么把工作和生活状态隔离开，都找不到好的解决方案。我甚至还想过，如果我此生都会是个创作者的话，我是不是从此都无法享受彻底的休息了？

而因为家人、朋友几乎没有人算是我的"同行"，他们根本无法理解我的状态，只能劝说我"玩就好好玩，不要想那么多"，所以那段时间伴随着焦虑的，还有很深很深的孤独感。

于是那段时间我总是不开心，并找了很多心理学的书来看。每本书都给了我一些启发，但没有任何一本书对症下药地告诉我到底该怎么做。

直到后来，我无意中看了一本关于创作者聊创作经验的书，书里有一句话："创作者的生活和创作就是没有办法分开，创作者的一生都应该为写作提供养分。"

那一刻的心情像是 10 年中一直怀疑自己有病的人真的被诊断出得了病。

不是绝望，反而是释然：我一直找不到将娱乐和工作隔离开的有效办法，会不会是因为根本不存在这种办法呢？

释然中还夹杂着一丝欣慰：原来这世上被失衡困扰的人不止我一个。

就像以前一直在孤军奋战的人，创建一个房间，忽然看到很多战友，他们也许伤痕累累、面露疲惫，但他们跟你是一样的人，那一刻，你就不再孤独了。

可能那本书里提到的观点并不正确，但从那以后，我就不再困扰了。

全职自媒体这个职业看上去特殊，其实也就是365行中的一种，不由自主地从生活中汲取养分，只是一种大家都会有的职业病。

> 比如做活动策划的朋友，看春晚都在观察他们的环节衔接；
>
> 比如做建筑设计的朋友，出去旅游别人在拍风景，他们在拍建筑的线条；
>
> 比如做幼儿教育的朋友，出去吃饭邻座小朋友一直哭闹，她会给他的妈妈支招；
>
> 比如搞创意的朋友，我给他看我写的文章，他问我："你这个好有画面感，能不能授权给我？我做成影视脚本方案帮你卖给客户。"

看，人人都有从生活中汲取养分滋养自己专业的地方，只不过当我的领域越来越从美食垂直拓展到泛生活领域的时候，生活就成了滋养我创作的躲不开的大环境。作为回报的是，我的创作并不像朝九晚五的工作那种，存在很多不得已的流程和步骤，我写下的每一个字都是由自己决定好后的输出。这样的内容创作虽然辛苦，但获得的成就感和愉悦感也是普通工作无法实现的。

就这样，我找到了工作与生活的"平衡"。

如果你跟曾经的我有一样的"症状"并且也会被此困扰的话，说明我们因为工作状态的改变，打破了原有的平衡，但我们也可以慢慢构建起新的平衡，找到适合自己的新的节奏。

创作者总是焦虑和孤独的，但是要知道，并不是只有你一个人在焦虑和孤独。

四 好饭不怕晚，但怕等

在上述的焦虑状态没有得到解决前，想要获得彻底放松的我曾经尝试过比较极端的办法。

那就是停更。

有段时间除了必要的商业合作外，我各平台全部停止了更新。

那是我实现收入情况最好的一个阶段，同时也是我失衡状态最严重的阶段，可能是因为商业合作的工作量较大产生了代偿心理，所以我自认为停下来休息一下就会好。

没想到的是，停了一段时间后，再也找不到之前保持更新的状态了，无论是找选题的角度、写稿的速度和联想能力，都出现了严重的滑坡。

> 很多选题我想了个开头就觉得没意思放弃了；
> 有些稿子写到一半觉得没有动力就全都删了；

> 甚至当我决定写一篇内容之前,需要做很久的心理建设,才能勉强端坐到书桌前开始,在以前,我只要想到什么,是可以不分地点场合,手机电脑随时可以开始码字的。

最可怕的是,当你停止了一段时间后,你的分享欲会渐渐淡化。而分享欲,是支持一个创作者保持输出的原始动力。

丧失了分享欲后的我,出现了更长时间的停更。

那段时间我很排斥打开各平台查看粉丝留言和评论,因为里面充斥着催更的信息,粉丝对我的称呼渐渐从高产桌儿、周更桌儿、月更桌儿,到了"失踪人口",每次勉强更新完,评论区热评一定是"失踪人口回归"这样善意的玩笑,但这给了我更大的压力。

还记得有一次看一个综艺,有个艺人讲他没有工作的时候看电视,看着看着就觉得不对劲:"我再这么看别人,别人就从电视上看不到我了!"

意思就是,一旦放纵自己进入到"等待状态恢复"的阶段,有可能状态就再也恢复不了了。

好的状态绝不是等来的,是"调整"来的,而调整,绝对不是停止。

马上结束等待状态,这就是当时我给自己下的指令。

我调整了一些目标和计划,让自己马上恢复更新,但是会在心理上降低预期,以行动量为准绳,不再去计较效果,翻译一下就是在行动中找回状态。

为了找回状态,我做了三个调整。

01 扩充选题范围

虽然我是非常垂直的美食领域内容创作者，但其实我是个对世间万物都容易产生自己感悟的高敏感型人格。介于之前的领域限制，一直在克制自己，不要去输出过多非美食的内容，但是在我创作倦怠期，我放弃了这一原则，开始写一些情感、时事类的问题。

刚开始，我以为我会因此掉粉，后来发现并没有，毕竟没有美食领域的包袱在，其他领域的输出我大可以不那么严谨、专业，读者在这些领域对我的预期也不会那么高。

其实这时候的我才是更为全面立体的我，给读者展示的也是更饱满丰富的人设，反而会更觉得我像是他们的朋友，一个可以随意唠嗑的朋友。

这种调整让我产生了"虽然也还是在写作，但已经算是娱乐"的错觉，很大程度上缓解了我的焦虑。

需要说明的是，在做这个调整的时候，我已经是某平台的美食领域头部了，偶尔写点跨领域的内容不会太影响我的垂直度，如果你还在账号打造初期，是不建议这么做的。

02 更换输出平台

虽然写作对我言是种治愈，但固定平台的固定人设又总给我束缚，所以我决定换个平台去安放我的表达欲。

那段时间给我压力最大的是公众号，其次是知乎，前者涨粉进入瓶颈，后者被基本定位成了美食答主，所以我干脆跑去很久没更新的微博去写东西了。

在我眼里，微博是个可以让我放松的地方，因为它有两大"美德"：

> 一是发布后随时可修改，这样我的心理压力会小很多，万一发了不合适或者错误的内容，修改成本非常小，这点公众号就做不到；
>
> 二是鼓励高频次更新，公众号绝大多数人只能一天一条，知乎上一天一个高质量回答也已经是极限，但是微博，只要你有感想，都可以随时发布简短见解出来，一条没说明白，随时可以再补一条，时间线的呈现方式也不会把你的每一条内容都强制推送给粉丝。

我在这个阶段才开始玩微博，所以对实现收入没有任何期待，纯当个练手和观察流量起伏的地方（前面我说的跟着微博运营提供的站内活动和话题搞创作就是这个意思）。所以那段时间，我是真的把微博当成朋友圈在用，不断尝试切入各种话题，随心所欲地发表自己的感受，高兴的时候一天5条都轻轻松松。

可能是无心插柳吧，就这么边玩边更新，半年的微博粉丝反而涨了20万，美食领域的认证也拿到了，甚至从没想过微博实现收入的我，也成功开展了很多次商业合作，自己写的内容还经常被网友打赏，这都是蛮意外的收获。

这个尝试也让我发现了，别看互联网上泱泱众人，好的内容还是稀缺资源，只要你内容够好，在哪个平台都不会被埋没的。

03 放弃数据预期

由于之前总是在乎内容发出去后的互动数据，所以发布选题、发布时间、写作风格，甚至开篇语都是被我精心设计过的，以期达到最佳效果。

但是在调整阶段，我把这些衡量指标全都丢掉了，我只给自己一个任务：写到爽就好！

> 我在知乎上选择没人关注的小众问题去回答，哪怕写完只有个位数的赞；
>
> 我会在凌晨三四点去写一个微博热搜，哪怕那个点儿根本没人看；
>
> 我会在自己的视频号更新猫猫狗狗，并不关心是否会影响我的受众画像。

我甚至开始投入大量精力去拍摄和剪辑视频，我当然知道，我在任何平台都是一个资深的图文作者，忽然开始做视频，效果肯定不如以前。

这些我都不在乎，因为我觉得现阶段最重要的不是数据，是重新找回我的分享欲和创作激情。其实想想，就是放下功利心写作。

这让我仿佛回到了很多年前单纯因为兴趣写作的状态。

当这样任性了一段时间后，我真的找回了状态。可能外人看来，我还是在保持高强度的更新频次，还是在每天输出内容，但我自己非常清楚，当我丢掉了数据预期，不在乎结果后，我就像是去度了个长长的假，再次回到主战场的时候，浑身充满了力量。

作为创作者，我始终不建议把"停更"当成是休息，因为保持输出的习惯是创作者坚持创作的根本，这个习惯关联的能力就是选题角度、输出速度和对环境的观察力，这些能力一旦停止操练，就会以肉眼可见的速度消逝。

就像煲汤，3小时过程中都得保持小火慢慢煨着，需要煲很久很久才能喝到一小碗鲜掉眉毛的汤，如果你等不及，提前关了火，最终肯定是与美味失之交臂。

五 没有人可以一直处在巅峰

这两天看了一篇文章，讲的是网红的崛起与衰退。

这篇文章提到了很有趣的一组数据：以前一个平台造星的速度大约是6个月，而造出来的"星星"过气的时间大约是1年；而现在造星速度缩短到了1个月，而"星星"们消失的速度也缩短到了3~6个月。

我们创作者，比起网红标志性的人设和包装，更多依赖的是内容，按理说是不在这个规律范围内的。

只要涉及"流量"，就必有兴衰，网红如此，创作者账号也是如此，这是自然规律，无人可避免。

据我自己的观察，一个图文平台的垂直领域独立 IP，从被注意到，到做到腰部、头部，再到面临转型，大约是 2 年的周期。

一个账号的流量到达巅峰期后，增粉会越来越慢，就算老粉不会流失，也很难增长新粉了。因为一方面平台总用户数有限，随着新增用户速度放缓，你的粉丝增长也会陷入停滞；另一方面，粉丝比我们想象的而更加喜新厌旧，一种风格，无论当年多么新颖有趣，1~2 年后也就不再特别了。

所以当你发现一个账号保持了 2 年以上的生命活力，且一直保持着不错的数据的话，你去翻他所有发布的内容，一定能发现他转换风格的痕迹。

我就做过 2~3 次这样的内容调整，当然并没有做领域的转换，而是更多地在写作风格和内容容量上做了重心调整，这些变化，一路跟随过来的老粉其实都注意得到。

> 前期，我是纯粹玩票的"段子菜谱"风格，粉丝戏称"在段子里夹菜谱"；
>
> 中期，我开始认真研究一些烹饪的技巧，戏谑之余多了很多严谨，这个阶段由于内容的趣味性和实用性结合得比较好，所以也成了我涨粉最快的阶段；

> 后来，涨粉速度放缓，我开始尝试充实内容的信息含量，加入种草环节，做了大量的横评和众测，为读者提供更多的实用价值。

这样三次调整下来，我能感受到粉丝画像发生了明显变化，前期吸引来的粉丝大多都是喜欢看段子的年轻人，那阵子粉丝中学生比例高得惊人，就因为他们觉得我有趣才来关注，至于我的烹饪水平如何，根本不在他们考虑范围内。

中期，粉丝逐渐转换为工作人群，尤其是刚刚步入社会或者开始婚恋生活的男女，他们对菜谱的需求是简单易操作，能让他们关注我的前提就是按照我的方法，他们的烹饪总不会翻车。

后来，进入了全民自媒体时代，大量专业美食内容涌入，继续以往的风格显然就不能为我带来粉丝增长了，于是我开始尝试种草和测评，为读者提供真实靠谱的厨电和食品饮料类的选购建议。我在创作中尽量保持信息的饱和与真实。比如我做的每一篇零食种草推荐，都是10个单品以上的真实测评合集，读者看完就能放心剁手；在别人还在推荐单个空气炸锅的时候，我的横评里已经写清楚了5种以上不同型号空气炸锅的优缺点了，不仅价格区间从200~3 000元不等，我还写清楚了各种价位的空气炸锅适合什么样的人群。

靠着这样的调整，"芊小桌儿"渐渐从一个好玩的账号，变成好玩又有用的账号。

看上去，能有这样及时的调整，我应该不需要担心账号流量的衰退了吧？

其实并不是，我还是能明显感受到流量从我这里转移到越来越多新秀美食创作者身上，这个阶段尽管我做了很多努力，还是没有让互动数据回到巅峰期，毕竟有些时候流量的转移，是平台扶持和受众审美趋势的变化，这种趋势并不是靠个人努力就能很快扭转。

这个时候这三种尝试也许可以让你突破平台期。

01 暗中发力

就像我说的，流量的特性就是"流动"，它能从你这里流走，就能从别人那里流回来。流量衰退期时，正是你观察平台和受众喜好趋势的好机会，你可以花点时间去研究新兴账号的风格特色，掌握平台用户的最新喜好，看自己是否有可以结合和调整的地方，在保持自己内容核心价值不变的基础上，加入全新的元素。

这种调整往往会让老粉不适应，严重的甚至会随着你的调整而不断掉粉，这时候就需要你密切观察自己的数据变化。如果尝试了一段时间，发现老粉丝流失远大于新粉丝的增长，就说明这种调整不太适合你。

如果数据出现小幅度增长或者保持不变，那就大可以放心地去更新，因为风格变化是有个适应期的，你会在不断的调整中找到更好的结合点，引发下一轮的流量增长。

但无论如何，要想恢复流量巅峰，都不要停止更新，唯有不间断地输出，才能不断测试方向的可行性，也不会让你陷入越来越被动的局面。

❷ 旧瓶新酒

跟上面的方法有些类似，区别就是变化的主要是形式而非内容。

大家经常可以看到一个自己熟悉的账号忽然一天就换了风格，内容还是那个领域的内容，但是表现形式发生了极大变化。比如同样是拍视频，以前是单人出镜，现在变成了多人互动式的；或者以前是图文混剪，现在出现了真人口播。很多平台推出的图文转视频工具，其实也是在帮助流量遇到瓶颈期的图文作者改变形式，获取新的流量。

其实不是遇到了流量瓶颈，几乎很少会有人主动去改变自己的风格，因为这是一步险棋，会挑战到原有粉丝的舒适感，让他们觉得你很陌生。

但有风险的地方会就有机会。我就见过不少账号在改变表现形式后，直接就把之前疲态的数据提了上来，后面越做越好，迎来了第二波的流量巅峰，这种现象被我称之为"第二春"。

你去留意一下生命周期长的账号，把他们的作品从一开始翻到最近，就会发现很明显的迭代痕迹，也就是说内容风格会发生至少1~2次大的变化，这些账号能频繁打破流量平台期魔咒，获得新的增长，就是因为他们在进行不断的尝试。

03 练个新号

几乎所有平台都会对新手创作者格外关照，因为所有平台都希望未来的流量之星是从自己这里诞生的，加上很多平台并不希望流量过多集中到头部，导致其他创作者看不到希望，所以反而会额外分配流量给到新手或者小创作者。所以，"新手期"其实也是红利期。

但这个红利期非常短暂，一旦内容发布超过一定数量，你就自动从新手阶段毕业了，至于毕业成绩，自然有好有坏，因为缺乏经验，很多人其实是浪费了这个阶段的红利的。

如果你已经是个老手了，重新练个小号对你而言就相对简单了，因为你熟悉平台的所有规则，可以避开之前踩过的所有坑。

要注意的是，如果你的小号风格和内容跟老号基本一致的话，就没有必要新开账号了，因为你的老号已经验证了，老路走下去也会很快遇到瓶颈。

重新练号一招不到万不得已是不建议采用的，因为个人创作者的精力非常有限，有可能你开了小号后，又舍不得老号沉淀的内容和流量，两边都难以割舍，最后小号没做起来，又耽误了老号的更新。

以上所有方式，都是让你去主动打破流量瓶颈的方法，但在这之前你必须要明确一件事，无论你之前的内容做得多好，都难免会遇到这一天，这几乎跟自然界的季节变换一样难以避免。只要你坚持住别下车，坚持输出和调整，保证内容的高质量，就总会迎来第二次机会。

第八章 那些厨房教给我的事儿

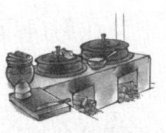

一　公式法做菜：你想不到的流程管理术

总有人把中餐称为"玄学"。

究其根本，中餐由于食材、工具、调味的非标化，导致变量过多，任何一个菜谱，除非细致到令人发指的地步，把所有可能产生变化的情况都列出来并提供相应解决方案，否则都有可能造成味道的差异。

所以在很多新手眼里，下厨基本等于把自己扔到一个"不可控"状态中，在厨房里手忙脚乱是表象，折射出来的就是对各环节流程的不熟悉，而正是这种不熟悉，会导致统筹能力的缺失。

这跟很多想要尝试自由职业的人一样，他们咨询我的第一个问题往往不是怎么实现收入，而是"如何合理安排自己的一天才能最大化提高效率"。

其实这两件事，都有着相似的解决方案。

我记得我做过一个水煮肉片的流程图，如下所示：

第八章 那些厨房教给我的事儿

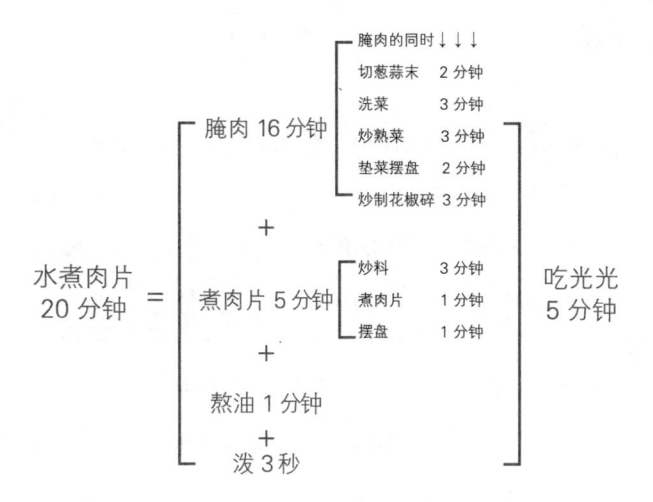

$$
\text{水煮肉片 20 分钟} = \begin{cases} \text{腌肉 16 分钟} \begin{cases} \text{腌肉的同时↓↓↓} \\ \text{切葱蒜末 2 分钟} \\ \text{洗菜 3 分钟} \\ \text{炒熟菜 3 分钟} \\ \text{垫菜摆盘 2 分钟} \\ \text{炒制花椒碎 3 分钟} \end{cases} \\ + \\ \text{煮肉片 5 分钟} \begin{cases} \text{炒料 3 分钟} \\ \text{煮肉片 1 分钟} \\ \text{摆盘 1 分钟} \end{cases} \\ + \\ \text{熬油 1 分钟} \\ + \\ \text{泼 3 秒} \end{cases} \quad \text{吃光光 5 分钟}
$$

很多人看完表示："还可以这样！"

实际上，我只是把这个过程表现出来了而已，列出流程表并不难，难的是熟悉每一个环节所需要的时间和前后步骤，在很多熟手的心里，这已经是轻车熟路的肌肉记忆了。

我想说的是：符合逻辑的时间安排，就能最大化提高效率。

这种"流程管理术"的运用，让我从一开始准备全套两人餐桌需要 2~3 个小时，到现在 40 分钟三菜一汤上桌。其实很多时候就是靠经验打底，靠统筹能力去逐一筹备，从而实现效率最大化。

做饭不是玄学，是逻辑和统筹，是一件需要节奏感的事情。时间管理同样需要节奏感。

如何找到最适合自己的节奏感，是进行自我时间管理最重要的一环。

分享一个我的方法：我会把一天必须要做的事情和所占用的

时间简单分类。

> A：需要集中精力克服困难去做的工作，需要3~4个小时；
> B：需要在固定时间点去做的工作，需要1~2个小时；
> C：日常要做但不怎么费脑子的工作，需要1个小时之内；
> D：任何时间都可以做的工作，碎片时间即可。

A类工作：内容创作就是典型的A类工作。

不管是图文也好，视频也好，新的菜谱也好，都是需要集中精力，克服惰性和种种困难去做的事儿。

是的，新菜尝试也属于非常占用精力的A类工作，因为往往需要多次尝试，并且需要不断停下来记录。这类工作一旦进行起来，都需要高度集中精力的3~4个小时。

所以A类工作，我一定是用自己最黄金的时间，在一天中最不受打扰的时间完成。

B类工作：需要在固定时间点去做的事。

比如美食拍摄，其实直到现在，我作为一个个人自媒体创作者，都没有专业的布光，完全依靠自然光拍摄，所以每天我只能在上午10：00~12：00、下午14：00~16：00这两个时间段拍摄。太早光线比较偏，中午光线太强，成片对比度太强；太晚光线模糊，照片清晰度后期都救不过来。

那么如果我一天中有拍摄工作，到了这两个时间点，所有工作我都会丢下，直接去拍摄，如果是需要烹饪后拍摄的工作，则会倒推时间。比如做一个烘焙需要 2 小时，我就会在 8 点起来准备，刚好卡到 10 点光线最好的时候拍摄成品；如果这其中遭遇了（屡见不鲜的）翻车，那中午还有点时间复盘和重新制作，赶得上下午的拍摄时间段再来一次。

如果错过了这两个时间段，再紧急的拍摄工作都需要等到第二天了，有时候这类工作的优先级甚至超过 A 类。

C 类工作：日常要做但不怎么费脑子的工作。

比如已有内容在各平台的同步分发。虽然有很多内容在同步其他平台时大致都要做一定的修改，但修改比例通常不会超过 10%，且都是非核心内容的修改。这类工作我基本就当休息或者当做自己进入工作状态前的预演，每天集中 1 小时就可以完成。

D 类工作：可以在任何碎片时间做的事。

比如"互动"和"素材收集"，就是回复一些粉丝的疑问，根据反馈调整下已发布内容中的个别字句，搜索下一次创作需要的素材，等等，这些工作随时随地、用手机或电脑都可以完成，（在一天中）没有严格的时效性，所以可以在前三类工作中穿插进行。

分配完时间，再看下完成四类工作带来的成就感分值，以我自己为例：

> A 类：成就感占比 55%；
> B 类：成就感占比 30%；
> C 类：成就感占比 10%；
> D 类：成就感占比 5%。

根据这个分值，简单计算下每天你完成的工作带来的成就分。

当然理想状态是每天你的四类工作都悉数完成，成就感爆棚，但实际上一年中我只有极少数时间能实现，因为这个太难了，需要严格控制每个环节的时间衔接，也没有人可以做到每天每刻状态饱满。

那就退而求其次，要求自己每天的效率得分达到 60 分即可。也就是说，每天完成 A 类费心费神的工作，搭配 C 类日常轻松的工作；或者你想休息下脑子，就干脆放弃 A 类工作，只完成 B、C、D 类工作，加起来也快到当天效率的及格分。

那么如果想进一步提高效率呢？

还记得我前面列的那个水煮肉片的流程表吧，为什么我可以做到 20 分钟从备料到装盘？很简单，我用到了"并行"的概念。

我会在等待腌肉的 15 分钟，并行完成蔬菜切配和佐料预制的工作，就可以把等待时间完全利用起来。

那么工作的时间管理也是如此，比如你在等待一个菜品烹饪的 A 类工作过程中，完全可以将 B、C、D 类工作并行进行。又或者，在进行 A 类工作的休息间隙，穿插 C、D 类工作作为调剂和放松。

这些"并行"不但可以让你进一步提高效率，反复实践后还能让你获得最适合自己的节奏感，让你张弛有度地完成每一天的工作。

这看起来有点复杂，但实际上所有你需要完成的工作都可以归入这四大类中，一旦你熟悉了归类，每天的工作安排就会有节奏起来，不会像你想象的那样单一枯燥、一成不变。

以上我举例的是独立作业的方法论，而如果有一天你需要组建团队，这个方法论同样可以沿用。一般来说，带给你最大成就感的事情就是你的核心价值所在，其他事情你都可以分出去给团队做，唯有 A 类事情是需要你去亲力亲为的。这个分类也会根据你工作内容和领域的变化而发生变化，它并不是一成不变的，需要你隔段时间就重新评估下。

但是以上方法论，都是建立你对在做的事情非常热爱且很坚定、想要坚持的前提下才能成立，不然完成每项工作带来的成就感还抵不过你的精神内耗。

需要记住一点的是，流程管理术永远只对迫切想要管理自己时间的人有用，方法只是解决效率问题，而所有方法必须作用于你想要做好一件事的决心之上。

就像无论多么完美的菜谱，也只能对真的准备下厨的人有用一样。

二　餐单设计：口味搭配教给我的平衡之道

我刚刚进入职场的时候，偶尔跟领导去进行商务宴请，需要在对方来之前点好菜，每次点餐环节大家难免互相推让，于是就总听到他们批彼此打趣说"会不会点餐，就可以看出你有没有当领导的潜质"。

我一直非常不理解，这明明是毫无关联的两件事呀！所以我一直就以为这是酒桌文化而已，没当回事。

后来我渐渐发现，很多人不仅怕替一桌子人点菜，而且对自己家偶尔需要宴请客人时候的菜单设计也很头疼，甚至逢年过节，一大家子人凑在一起，需要一次性准备5~10个菜的场合，选什么菜上桌，对他们而言也是考验。

因为在没有具体需求的前提下，他们很难确定什么样的搭配是最好的。

后面我开始深入研究烹饪之后，忽然觉悟，这几件事看上去是不同的场景，其实考察的都是"平衡之道"。

> 一群人吃饭，保证不厚此薄彼，每个人都有爱吃的东西，是爱好的平衡；
> 一桌菜风味上有鲜有辣、有甜有咸，是口味的平衡；
> 整顿饭下来不会有人吃不饱，也不能有太严重的浪费，是量的平衡；
> 上菜时间有早有晚，不会出现断档，也不会一拥而上，是时间的平衡；
> 一桌菜里菜式尽可能丰富，不要出现大面积食材重复，是选材的平衡。

这些平衡都掌握了，你的点菜水平就不会差。

这事儿放到写作或者任何内容呈现上都是一样的，讲的就是节奏把握和松弛有度。只不过点菜是对客人口味的拿捏，写作是对读者注意力的拿捏。

这么多平衡感的拿捏，是不是听上去就很复杂？

其实，只要你是个会做饭的人，甚至你不会做饭，但你日常吃得足够用心，点菜或者餐单设计对你而言就不是难事，同样的，一样的平衡之道你就能运用到很多事儿上来。

来，我跟你讲讲这之间的共通逻辑是什么。

01 平衡就是通盘考虑

懂得烹饪和味型的人，大约知道所有常见的口味粗略分为鲜、咸、辣、酸、甜几种，偶尔有个苦味的来客串下。大多数菜式都不是单一口味，而是以上几种口味的复合味型，那么点菜的时候，就会注意菜品是否涵盖了这些口味，或者在没有明确偏爱的前提下，有没有出现严重的口味偏向。

比如，一桌子6道菜，已经有糖醋里脊这样的酸甜口的菜了，那有经验的人就大概率不会再加菠萝咕咾肉这种同样酸甜口的菜了，因为其他的菜最好能是别的口味；但如果是10道菜的话，也不是不可以出现2道酸甜口的菜的，毕竟还有不少机会留给别的味型。

自己在家做饭也是这样的，一家三口通常两个荤菜一个素菜，或者两菜一汤，除非家里人有特别的口味偏好，就至少应该出现两种味型，主菜偏香辣，素菜就偏咸鲜，汤就可以清淡甚至微甜，这样搭配起来口感有起伏，味蕾感受也有节奏，会显得整顿饭更美味一点。

写作也是一样的。哪怕你是同一种风格吸引来的粉丝，大家的偏好也有所不同。比如有些人是来看我写有趣的段子，有些人是真的想来找找烹饪灵感，有的人就是想看看我的日常，那我就要确定在一定时间的创作中保证内容的平衡，甚至在同一篇内容中就实现读者兴趣点的兼顾。比如我可以用段子作为内容的引子，吸引人看下去。但是具体内容是我实践的美食菜谱，保证内容的价值感。而最后，我可以交代一下自己的日常，拉近跟读者的距离。

这样下来，我的内容就是既有趣、又有价值，还格外真实，兼顾了读者的需求，做到了内容的平衡。

02 平衡不代表一成不变

做菜做得多的人，会很懂得怎么在日常烹饪中加入意想不到的变化。

比如土豆泥很常见，吃的就是绵软咸香。如果在土豆泥中加入一点点黄瓜碎，就增加了一分清新和清脆；再拌入捏碎的薯片，趁着薯片尚脆一勺入口，咀嚼起来又增加了细碎的破碎感，出其不意，妙趣横生，足以让这道土豆泥成为与众不同的存在。

很多创新菜的思路就是如此，在传统风味和口感中，加入口味或者形态能引起强烈反差的食材，形成一个当年的"网红菜"。

其实这在传统的食物搭配中也很常见，比如软糯的粢饭团中包裹着酥脆的老油条，奶香的麻薯中加入油润的咸蛋黄，本身甜度普通的番石榴撒上辣椒粉或者陈皮粉，这些都是利用口感或者口味的反差，打破你记忆中习以为常的平衡感，制造让你愉悦的全新感受。

就算火锅也是如此，火锅的灵魂伴侣一定是甜口或者冰镇的饮料，又甜又冰的冰粉更是从四川起源又迅速风靡全国的火锅经典搭配。

口味上的反差小技巧，放到创作上，就叫做"反转"。

创作上的平衡可不代表"一成不变"和"平铺直叙"。有意思的内容呈现，一定是有"平衡—打破平衡—恢复平衡"的起伏感的。这就像坐过山车一样，让你觉得刺激的不是一直头朝下吊在半空，而是从平静的开始，到不断地俯冲、仰冲、旋转，最后再到平静的结束，这样才组成了一段几分钟的刺激体验。平静是为了衬托刺激，而创作中的平衡则是为了衬托反差，反差也为整体的平衡提供了情感起伏。

引人入胜的内容往往都具有意料之外的剧情或者表达方式。尤其是现在读者的阅读习惯越来越趋于碎片化，不能在短时间内制造反差或者反转，你从普通的浏览中获得关注的可能性就会越小。

让读者看得过瘾，看多了甚至会上瘾，你的反差制造就成功了。

03 平衡中更要突出记忆点

有丰富宴请经验的人,点菜的第一步大抵都是先考虑"硬菜"的。

所谓的"硬菜",也叫主菜,大多是肉菜,是一家餐馆的主打菜,或者请客家庭掌勺人的拿手菜。硬菜的特点就是占据餐桌主要位置,量大费时占肚子,负责形成整桌菜的主要记忆点,因此选好了硬菜,这桌菜的搭配就成功了一半。

出门宴请问题不大,问好一家餐厅的主打菜,一般就不会错;要是主打菜都难吃,那就是餐厅选的有问题了。

自己在家烹饪也好解决,问好要宴请的人有没有口味或者食材上的忌讳,然后照着自己擅长的发挥就行了。

点完主菜后,其他配菜就比较好发挥了,只是需要注意尽量别跟主菜的口味和食材过于一致就行。比如你已经点了烤全羊当做主菜,就没有必要再点一盘孜然羊肉,搭配一些清爽的素菜或凉菜就会不错。

想想你经常光顾的餐厅,大抵也是如此。大家再次去消费基本都是因为他家的主打菜做得好,而不会仅仅为了亮眼的餐前小凉菜就兴师动众再次造访。

在进行内容创作时也是这样,大家记住你当然不是因为你方方面面都做得马马虎虎,而是因为你的"硬菜"足够硬,同时别的菜品也不拉垮,才会关注你。

硬菜就是你的个人特色,是区别于其他人的内容或者风格特质。创作初期的人,可能看到已经成熟的 IP,他们的内容做得滴水不漏,这时难免会气馁,觉得自己水平还差得远。实际上你们所处的阶段不同,前期的你,只要拿出来足够亮眼的特色成为自己的记忆点,其他短板后面慢慢补齐到及格线就可以了。

但要记得,你的硬菜也需要在"经营"过程中不断进行小小的创新和改变,才能保证"硬菜常硬",一直成为读者的心头爱。

所以,一个有经验的点菜者,未必能成为一个好的领导,但他一定是有一定的大局观和组织能力的,遇到问题既能进行通盘考虑又能兼顾到重点。

一个有经验的创作者,也绝不会单纯地只用情感或干货完成创作。故事、干货或者情感表达相当于食材、调料和器皿,如何利用好这些元素,通过自己的创作能力组织成内容饱满、框架清晰又具有记忆点的文章,就是我们可以从点菜的平衡之道中学到的技巧。

三 美拉德反应:那些不会过时的好用法则

我大学读的是广告专业,因此专业课学得非常有针对性,摄影、摄像、绘画都是我们的必修课。

这三门关于艺术创作的课程里,都会提到一个词——丁达尔效应。

现在这个词已经被很多人熟知了,其实就是当太阳照射下来,投射在雾气或是大气中的颗粒上时，会出现明显的光线线条，为风景带来一种神圣的静谧感。

上学时，我并没有记住这个晦涩的词语，只记得是个跟光影有关的原理。最近两年，我忽然发现"丁达尔效应"这个词被频繁提起，在很多入门级的艺术讲解中高频出现，甚至有专门讲怎么利用丁达尔效应拍摄氛围感作品的。

当我翻出大学的笔记和作业，发现自己早就听过、学过，甚至用过这个原理去完成过很多次专业课作业了。

要知道，我从第一次听这个词到现在，少说十年了，而这个现象又已经在相当长的时间之内，被广泛应用到艺术创作中了。这意味着，在需要体现光影艺术的创作领域，丁达尔现象是个非常"好用"的表现元素。

在烹饪领域，"美拉德反应"也非常好用。

所谓美拉德反应，从原理上讲，指的是含游离氨基的化合物和还原糖或羰基化合物在常温或加热时发生的聚合、缩合等反应，经过复杂的过程，最终生成棕色甚至是棕黑色的大分子物质类黑精或称拟黑素，所以又被称为羰胺反应。除产生类黑精外，反应还会生成还原酮、醛和杂环化合物，这些物质是食品色泽和风味的主要来源。

翻译成咱们能看懂的语言，就是富含糖类、蛋白质、脂肪等物质的食物，在受到高温影响时，收缩、变成褐色并产生大量风味物质的过程。这就是为什么烤过、煎过或者油炸过的肉有种特殊的色泽和风味,是煮肉、蒸肉所不具备的。而在将肉类红烧前,先进行一下煎制,也会让汤汁风味更足。

只要你了解了这个反应,就相当于搞明白了煎烤炸炒的初步原理,在看到很多菜谱的时候,就不用死记硬背步骤,也不用硬磕煎炸的时长,而是可以根据自己希望呈现的风味,从食材颜色变化上灵活掌握火力和时长了。

至于熬煮浓汤还是清汤,也是了解了很简单的"水包油"原理就能搞清楚。

所以我在教别人做菜的时候,很希望能够首先让对方明白我做每个步骤的原因,这样就会减少很多个人化的问题,大家可以根据自己的实际情况去灵活掌握。

"多讲通用原则,少讲单独操作"的这个习惯,一直延续到我给别人做创作培训和分享的时候。

跟很多人喜欢手把手教实操经验的博主不同,当我确定我的培训或分享将会在公共平台存在很久,或者会变成纸质书公开发售后,我就会尽量避免自己的内容在短期内"过时"。

什么样的内容会过时?

针对具体阶段、具体平台、具体账号的具体操作,听上去简单易学见效快,但越是即时,越容易过时,这类内容更适合年度、季度甚至月度迭代内容的短期线上培训班,教你快速上手。

而针对内容创作本身、针对读者兴趣、针对平台趋势的通用原则,看上去似乎难懂一些,但只要你能结合实例搞明白了,不管环境、领域和时间怎么变化,你会发现,它们都是"好用"的。毕竟万变不离其宗,我是鼓励大家多去研究下事物的本质的。

选择做美食内容的人,是非常幸运的人,因为美食几乎是最不容易过时的领域了。

> 10年前的菜谱拿到今天,照样也能依葫芦画瓢做成功;
>
> 几十年前的一勺盐放到现在,还是差不多的计量单位;
>
> 传统的味型和刀功,再过几十年讲出去,大家还是都能理解。

我在知乎上4~5年前写下的美食内容,到今天仍然在给我带来关注和互动。

跟需要时时更新、与时俱进的时尚、电子、汽车等领域比起来,美食领域的创作者在这个层面要幸运得多。这其实也是为什么我的美食创作进行到第三年的时候,我会更多地从"有趣"层面转向"有用"层面,大比例增加烹饪原理和技巧的内容。因为比起能够让人当下快速兴奋又很快忘记的"有趣",能够在更长时间内"有用"的内容更不容易过时。

我们可以创造有趣的内容,但你的有趣,最好是建立在"有价值"之上。

这也是我创作一篇内容时最核心的原则,就是我一定要保证我的内容中有至少三分之一的内容,是抛开我的表达方式、去除当下的时代背景、去掉内容中紧跟热点的部分后，在很长时间后依然是非常有实用价值的干货。

所以，我一直不建议新人在创作初期"求量不求质"。因为好用的干货就那么多，万变不离其宗，更新再多无非就是在通用法则上做加减法，或者用更有个人特色的方式将这些通用法则掰开了揉碎了讲给别人听，而在你自己都一知半解的情况下，任何浮于表面的创作都不会具有长久的生命力。

而你用自己的方式将通用原则讲清楚的过程，就是读者认识你、喜欢你，最终关注你的过程。

不信你想想，当你上网搜红烧肉做法时，会出来成千上万的做法，你可能会找到一篇照做就完事了，并不会过多地去关注创作者是谁。而如果其中一篇内容，在告诉你详细步骤的同时，还给你讲清楚了红烧肉的烹饪原理，那它被你记住甚至关注的可能性就会大幅度增加。因为它的核心内容是长久不过时和可以举一反三的。

在自媒体领域，没有人可以做到始终占据流量风口，在内容、形式或者领域没有大的突破的前提下，3 年已经是一个账号最长的生命周期了。

我们能做的只能是沉淀更多价值，尽可能减缓"过时"的速度，或者为将来必须要面对的创新和转型打好基础。

而做到这一点，可以靠不断尝试最热门的表达方式锻炼网感，可以靠高频次的创作小步快跑测试方向，也可以靠源源不断的头脑风暴反复刺激读者的兴奋点，而最关键也最稳妥的，恐怕还是不断打造自己不会过时的价值点，让它成为你的"万能法则"，帮你抵御时间流逝、热度消退和流量转移的考验，给你的内容带来更长久的生命力。